U0075532

歷史群像

天朝上國的盛世

徐楓 牛貫杰 主編

第一章 興起於
白山黑水之間

明朝末年，政治腐敗，民不聊生。東北地區建州女真族的首領努爾哈赤乘勢崛起，統一女真諸部。征戰過程中，他創建八旗制度，建立後金政權，接著進攻旅順，拉開了反明戰爭的序幕。努爾哈赤死後，其子皇太極通過一系列改革加速了後金的封建化進程；同時消除了朝鮮和蒙古的威脅；控制整個遼西走廊，為清軍入關掃清了道路。明崇禎十七（一六四四）年，皇太極第九子順治帝入主中原，定鼎燕京，中國最後一個王朝——清朝正式建立。

1、滿族的祖先

滿族祖先屬於通古斯族的後裔，很早就居住在長白山以北、東北海濱和黑龍江流域的廣大地區，過著捕魚狩獵的生活，通古斯族語稱其為「zhulchin（音「朱里真」，意為「東方人」之意）」，經過「重譯」，被中原人譯成「肅慎」、「稷慎」、「息慎」等名字。傳說中，早在舜、禹時代，肅慎人就與中原有了聯繫。禹定九州後，他們進貢了弓矢。約在西元前十一世紀周武王滅商之時，肅慎人「貢楛石砮，表示祝賀」。周至春秋之時，中原人常說：「肅慎、燕、亳，吾之北土。」後漢、三國時，肅慎人被稱為「挹婁」，北魏時又被稱作「勿吉」。

隋唐時滿族的先民被稱為「靺鞨」，分為七部，其中以粟末、黑水二部最強。粟末部首領大祚榮於唐武周聖曆元年（六九八年）建立了政權，自稱「震國」，這是滿族先人建立的

渤海國上龍泉府遺址：渤海國都——上京，仿照唐都長安城的形狀建造，建築精巧，規模宏大。上京龍泉府遺址在四面環山、三面臨水的盆地之中，瀕臨牡丹江，城外有護城河，可見當年城池的堅固和輝煌。

貴族服飾：金代的裝飾圖案喜用禽獸，尤喜用鹿。《金史‧與服志》中就有女真服飾「以鹿山為文」的記載。鹿的 案大量被採用，除其本身的外形較為优美，便於用作裝飾之外，還有一個原因，即鹿與漢字的「祿」同音的意思。本圖所繪的裙子的圖案，即飾有鹿紋。

第一個政權。玄宗先天二年（七一三年），唐冊封粟末部首領大祚榮為「左驍衛員外大將軍、渤海郡王」，加授「忽汗州都督」。大祚榮遂改震國為渤海國。渤海國自大祚榮起，傳位十五代王，盛時設五京、十五府、六十二州，管轄著牡丹江、綏芬河流域和烏蘇里江以東今俄羅斯濱海地區的一部分地域，創造出燦爛的「渤海文明」。

渤海政權為契丹所滅，契丹族首領阿保機在渤海舊址上建立起大遼政權，改稱靺鞨為女真，並將其分為「生女真」（未被遼朝同化、停滯在漁獵與游牧生活之中）和「熟女真」（被遼朝同化、進步到定牧生活與耕種生活），分而治之。

北宋徽宗政和五年（一一一五年），居住在松花江流域的女真完顏部首領阿骨打統一了女真諸部，建立

了金。後來金國滅掉遼國，大敗北宋，擄走了徽、欽二帝；遷都燕京，勢力發展到黃、淮流域，統治中國北方達百年之久。進入黃、淮流域的女真人，後來絕大部分和當地的漢人融合了，而居住在黑龍江流域的女真人，則依然過著捕魚狩獵的生活。南宋理宗端平元年（一二三四年），蒙古滅金。黑龍江和烏蘇里江流域的女真人，歸元朝的遼陽行省的開元路和水達達路管轄。元朝還在黑龍江口的奴兒千設立了征東元帥府，沿途又設了許多驛站與狗站，派兵到水達達路屯田、戍守，加強了女真人和內地各族人民的聯繫。

明朝初年，女真族分為三大部，即野人女真、海西女真和建州女真。三大部之間及其內部不斷發生兼併和掠奪戰爭，野人女真時常侵襲建州和海西女真，「數與山寨仇殺，百十戰不休」。

元朝時曾在建州女真地區設置了五個萬戶府，任命五位萬戶。到了明初，生活在牡丹江和松花江匯流處的胡里改部的阿哈出和幹朵里部的猛哥帖木兒（努爾哈赤六世祖）就是其中兩個世襲的萬戶。由於經常受到野人女真的侵襲，不得安寧，因此這兩個部落從洪武五年（一三七二年）左右，開始向東南遷移。永樂元年（一四○三年）十一月，阿哈出到明都應天（今南京）朝貢，明成祖在胡里改部住地設建州衛，命阿哈出為指揮使。永樂九年（一四一二年）

長白山

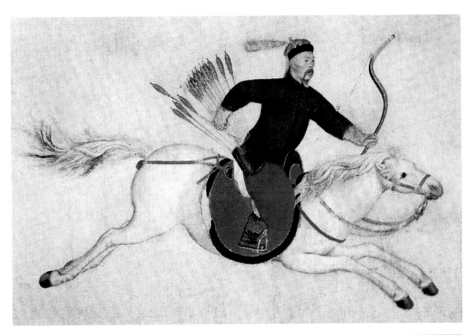

女真人騎射圖：女真人向來熟習弓馬，驍勇善戰，當時就有「女真不滿萬，滿萬不可敵」的俗語。

明政府又增設建州左衛，由斡朵里部首領猛哥帖木兒執掌。正統七年（一四四二年），明政府從建州左衛中分出建州右衛，以猛哥帖木兒的兒子董山掌左衛，猛哥帖木兒的弟弟凡察掌右衛，建州三衛由此形成。

　　成化三年（一四六七年）後，建州三衛都逐漸南遷到渾河、蘇子河上游地區定居下來。蘇子河畔在今遼寧省撫順城郊東南二十多里處，周圍丘崗起伏、層巒疊嶂。有一條東西走向的山崗北坡，背靠雞鳴山，西貼煙筒山（滿語稱爲呼蘭哈達），東接連綿的丘崗，在遼寧省興京城西北十里是啓運山。歷史上有名的赫圖阿拉城，便座落在這群山環抱的谷地之中。就在這方圓不過二、三十里的谷地中，建州女真由此逐漸強盛崛起，成爲大清帝國的龍興之地。

　　明萬曆十七年（一五八九年），建州女真首領努爾哈赤統一女真各部。萬曆四十四年（一六一六年），努爾哈赤在赫圖阿拉建立後金政權。後金天聰九年（一六三五年）皇太極廢舊有族名，改稱滿洲。這一名稱一直延續到辛亥革命後才改稱滿族，從此滿族之名沿用至今。

2、清王朝的奠基人——努爾哈赤

努爾哈赤，是大清王朝的奠基人，生於嘉靖三十八年（一五五九年），建州左衛人。幼年時，不知因何種緣由，他曾出入明朝駐遼東大將李成梁之門，二十四歲時，他的祖父覺昌安、父親塔克世，都在明兵攻打古勒城時，死於亂兵之中。努爾哈赤勤奮好學，熟讀《水滸》和《三國演義》，結交漢族士人和英雄豪傑，深受漢文化的影響。

明末黑暗的統治以及遼東混亂的局面，給努爾哈赤提供了大展宏圖、成就帝王功業的大好機會。

統一女真各部

萬曆時期，建州三衛勢力已經衰落，各部力量逐漸趨向平衡。以建州左衛為中心，各部稱雄爭長，鬥爭激烈。當時女真又分裂為建州部（包括蘇克素護河部、渾河部、完顏部、棟鄂部、哲陳部）；長白部（包括訥殷部、鴨綠江部、朱舍里部）；東海部，又稱野人女真（包括窩集部、瓦爾喀部、庫爾哈部）；海西部，又稱扈倫四部（包括葉赫部、輝發部、哈達部、烏拉部）。

萬曆十年（一五八二年），明朝駐遼東將軍李成梁任用建州左衛努爾哈赤的祖父覺昌安和父親塔克世為嚮導，攻克了阿台為首的女真部落的根據地古勒山，大獲全勝。但是李成梁聽信蘇克素護河部首領尼堪外蘭的挑唆，錯殺了覺昌安和塔克世。萬曆

努爾哈赤寶刀

十一年（一五八三年）五月努爾哈赤襲父建州左衛指揮使之職，以祖父和父親留下的十三副鎧甲武裝了自己的少數部眾，起兵攻打尼堪外蘭。尼堪外蘭敵不過努爾哈赤，率殘部逃往鄂勒琿（今吉林市南）。努爾哈赤在這次戰鬥中俘虜了一百餘名士兵和三十副鎧甲，勢力逐漸增強，便開始其統一女真各部的戰鬥。此後的幾年中，努爾哈赤征服了棟鄂部、渾河部、哲陳部、完顏部和蘇克素護河部，並殺死了宿敵尼堪外蘭。到萬曆十七年（一五八九年），努爾哈赤基本統一了建州女真各部。

努爾哈赤的行動引起了海西女真各部的注意，萬曆二十一年（一五九三年）九月，葉赫部首領納林布祿糾集海西的葉赫、輝發、哈達、烏拉四部，以及長白山訥殷、朱舍里兩部和內蒙古科爾沁、錫伯、卦勒察三部組成九部聯軍共三萬人，分三路向努爾哈赤所在地發起進攻。努爾哈赤臨危不懼，沉著迎戰，搶佔有利地形古勒山，誘敵深入，伏擊葉赫部成功，打亂了聯軍陣腳。然後，努

爾哈赤率軍乘勝追擊，九部士兵屍橫遍野，死傷無算。古勒山一戰，努爾哈赤殺敵四千人，獲馬三千匹，盔甲千副，威名大震。粉碎九部聯軍後，努爾哈赤乘勝東進，征服長白山部。此後，努爾哈赤採取分化瓦解和逐步蠶食的策略，將海西女真各部各個擊破。至萬曆四十一年（一六一三年），除明朝支持的葉赫部外，海西女真其他各部都歸附了努爾哈赤。野人女真在努爾哈赤的招徠和爭取下，先後有不少部落歸附。萬曆四十四年（一六一六年），努爾哈赤基本統一了女真各部。

太祖努爾哈赤畫像

金國英明汗

努爾哈赤在統一女真各部的過程中，創建了八旗制度及創制女真文字，建立了後金政權。

隨著女真各部的發展，女真進入了奴隸社會，奴隸主是統治階級，稱為「貝勒」或「額真」，他們佔有生產資源和阿哈（奴隸）。奴隸的來源主要是戰俘或從明朝和朝鮮掠來的邊民。自由民稱為「諸申」或「伊爾根」，從事勞動，當兵服役，承擔奴隸主的各種攤派。在女真各部走向統一的過程中，隨著軍事戰爭和生產的發展，社會組織日益完善起來。在此基礎上，努爾哈赤創立了八旗制度。八旗的諸申是兵民合一，平時耕獵為民，戰則披甲當兵。八旗制度使女真人戰鬥力加強，社會生產力也大大地提高，為建立政權打下了基礎。

長期以來，女真人沒有本民族的文字，只好講女真語，寫蒙古文，日久便成為女真社會發展的一個障礙。努爾哈赤遂倡議並主持創制了滿文。萬曆二十七年（一五九九年）二月，努爾哈赤令當時最有學問的額爾德尼

八旗軍服盔甲努爾哈赤在牛錄制度的基礎上創建了八旗制度，將原來分散的幾百個部落的幾十萬女真人及歸順的蒙古人、漢人統一編製起來。「八旗」分別指正黃、鑲黃、正白、鑲白、正紅、鑲紅、正藍、鑲藍八色旗幟。圖為各色八旗軍服鎧甲。

和噶蓋，參照蒙文字母，結合女真語
音，拼讀成句，創制出滿文。這種草
創的滿文，沒有圈點，後人稱之為
「無圈點滿文」或「老滿文」。從
此，滿族有了自己的拼音文字。滿文
創制後，努爾哈赤下令在統一的女真
地區推行，成為維繫民族共同體的重

努爾哈赤御冊、玉璽

要精神紐帶。後金政權建立量的文化
遺產，豐富了中華民族的文化寶藏。
努爾哈赤在統一女真各部的過程中採
取遠交近攻的策略，結合武力征服與

和平手段：拉攏蒙古、朝鮮，表示和睦；對明朝表示恭順，多次親赴北京朝貢；建設赫圖阿拉城，作為政治、經濟和文化中心，初步釐訂法律；同明朝加強貿易，以換取糧食、布匹、鐵器等生活和軍事物資，加強補給和儲備；並注意延攬人才，選賢任能。

經過一系列的準備，明萬曆四十四年（一六一六年），努爾哈赤自稱「承奉天命覆育列國英明汗」，定都赫圖阿拉，建立金國政權，年號天命，史稱後金。

起兵反明

明王朝長期以來對女真推行民族壓迫的政策，激起了女真人普遍的憤恨，努爾哈赤乘機起兵反明。後金天命三年（一六一八年），努爾哈赤以「七大恨」焚香告天，誓師抗明。努爾哈赤率二萬旗兵，兵分兩路，攻打明朝邊境，旋即攻破撫順和東州、馬根單等城池，滿載戰利品返回赫圖阿拉，在途中又設伏幾乎全殲追擊的萬餘明軍。努爾哈赤乘勝前進，又連陷鴉鶻關、清河城、撫安、三岔兒等地，攻城掠地，聲威震徹遼東，明京

赫圖阿拉城遺址：赫圖阿拉城（今遼寧新賓西老城），是努爾哈赤建國稱汗的地方，也是清王朝在塞外所建的第一個都城。全城依山而築，壘土為郭，三面環水，易守難攻。內城布設，頗有謀略。八旗衙門，散駐八處，召集即來，來之能戰。

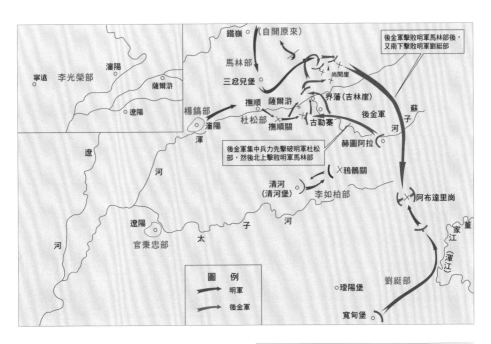

師「舉朝震駭」。

明政府連忙從全國徵集十萬大軍，於明萬曆四十七年（一六一九年）二月，開赴遼東，兵分東（總兵劉鋌為主帥）、西（山海關總兵杜松為主帥）、南（遼東總兵李如柏為主帥）、北（原任總兵馬林為主帥）等四路進軍，以杜松率領的三萬西路軍為主力，企圖一舉踏平赫圖阿拉。努爾哈赤很快地得到消息，知悉明軍的部署和行動計畫，提出「憑你幾路來，我只一路去」，即集中優勢兵力，以迎戰明軍西路主力軍為主的作戰計畫。

根據計畫，針對明軍行軍態勢，

薩爾滸之戰作戰經過示意圖：本圖形象、生動地展示了薩爾滸之戰中，努爾哈赤所率領的後金軍各個擊破東、西、南、北四路明軍的情況。

努爾哈赤以五百旗兵牽制明軍南路，而集中六萬旗兵，迎戰三萬明軍主力。三月一日，西路明軍到達薩爾滸山後，主帥杜松分兵一萬，親自率領去攻打附近的界藩城。明採取分兵作戰，正好給了努爾哈赤各個擊破的機會，努爾哈赤分二旗兵力去界藩迎戰明軍，親領六旗兵馬包抄薩爾滸山。駐守在薩爾滸山的明軍心驚膽寒，又因燃火取暖而自曝目標。後金將士乘機奮勇衝殺，一舉攻上山頂，殲滅二

萬明軍。接著努爾哈赤率兵馳援界藩，斷掉明軍後路，兩路合擊，殲滅攻打界藩的萬餘明軍。至此西路軍全軍覆沒，主帥杜松戰死。三月二日，努爾哈赤乘勝率軍北上，擊潰明軍北路。

與此同時，明軍東路兵分兩路，撲向赫圖阿拉。三月三日努爾哈赤命皇太極等率三萬大軍，兵分兩路，回師急救赫圖阿拉，四日擊破明軍東路。在此形勢下，明軍南路急忙撤回瀋陽。五天之內明軍文武官吏喪生三百一十人，士兵死亡四、五萬餘人。此戰史稱「薩爾滸之戰」，是明金戰爭的轉捩點。

此後明朝一蹶不振，轉為防禦，而後金勢力則日益壯大，對明戰爭很快地轉為進攻。六月，努爾哈赤連陷開原、鐵嶺，為攻打遼、瀋打開了勝利之門。此後近一年時間，努爾哈赤進行休整訓練，鞏固後方，積蓄力量，等待時機；同時交好蒙古、朝鮮，以解除後顧之憂。

明萬曆四十八年（一六二〇年），明神宗去世，光宗繼位僅一

福陵隆恩殿：福陵位於今天的遼寧省瀋陽市以東，又稱東陵，是清太祖努爾哈赤和皇后葉赫那拉氏的臺葬墓。隆恩殿是福陵正殿，為祭祀清太祖及其皇后之所，裡面供著努爾哈赤的神位。

月就病死，熹宗嗣位。其時宦官當政，黨爭激烈，朝政混亂，努爾哈赤乃趁機發動新的攻勢。次年三月，努爾哈赤僅用三天，即攻佔了瀋陽，殲滅明軍七萬。接著，二天便攻陷了遼陽，殲滅明軍六萬。隨後努爾哈赤遷都遼陽，改稱東京。後金天命十年（一六二五年）二月九日，努爾哈赤又遷都瀋陽。天聰八年（一六三四年），瀋陽被尊為盛京。

天命十一年（一六二六年）正月，努爾哈赤率軍攻打寧遠城，袁崇煥以「紅夷大炮」擊敗八旗兵。努爾哈赤遭遇生平第一次挫敗，退回瀋陽後，鬱鬱不樂，七月間背發毒疽，八月十一日去世，終年六十八歲。

後金軍兵器：後金時期努爾哈赤的八旗兵士用過的鐵劍、鐵刀和鐵盔。

3、大清開國君主——皇太極

努爾哈赤死後，其子皇太極即汗位，一六二七年改元天聰，為清太宗。太宗繼位後，採取了一系列措施，加速後金政權的封建化；綏服蒙古，征服朝鮮，掃除了清政權的後顧之憂；西進南下，與明軍作戰取得重大勝利，為清王朝入主中原進一步夯實了基礎。

禮優漢官，重用漢將

隨著後金統治區域的擴大，其治下的漢民越來越多，皇太極在遼瀋地區推行「編戶為民」的政策，即廢除漢人的奴隸身分，編為民戶，建立漢

軍八旗,強調「滿、蒙、漢人視同一體」。爲適應統治漢民的需要,皇太極大力禮優漢官、漢將,其中以重用范文程和洪承疇最爲突出。

范文程滿腹經綸,智慮深遠。後金天命三年(一六一八年)曾在撫順謁見努爾哈赤,深得賞識,被委以重任。清太宗登基後,更將范文程安置左右參與軍政大計。范文程決策樞密、運籌帷幄,定軍紀、立制度、招降將、安民心,鞠躬盡瘁,爲清王朝的建制作出了重大貢獻,成爲太宗、順治、康熙三朝的重臣。

洪承疇原爲明朝名將,崇德七

皇太極調清兵木信牌

山水圖扇面:該圖爲「金陵八家」(指龔賢、樊圻、吳宏、葉欣、高岑、鄒喆、胡慥、謝蓀等八人)之一的謝蓀所作。身處明末清初的亂世中,他們採取遁世的態度,沉湎於山林,寄情於書畫,世人稱之爲「高士」。

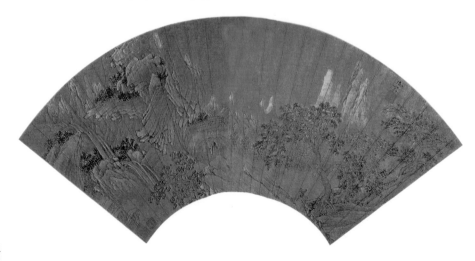

年（一六四二年）被清軍擒獲，解送盛京（今瀋陽）。洪承疇初決心以死報國盡忠。整日蓬頭赤足，日夜叫罵，太宗派去勸降之漢人，皆被罵走。范文程受命前去勸降，絕口不提勸降之事，只和他談古論今。洪承疇這才整理衣冠，坐而對答。當時恰巧梁上積塵落在洪承疇的衣襟上，他幾次用袖輕輕拂去。范文程注意到了這一細節，回去告訴清太宗說：「承疇是不會死的，他如此愛惜自己衣服，怎麼會不惜自己的生命呢？」清太宗聽後，遂親至洪承疇處勸降。時值初春二月，寒氣襲人，太宗見洪承疇衣衫單薄，親解貂裘為他披上，並關切地說「先生不會受凍吧？」洪承疇感佩而言「真命世之主也！」叩頭請降。清太宗當即重重賞賜，並在宮中設宴、演戲以示慶賀。洪承疇降清以後，在清軍入關和南下的戰爭中為大清立下了汗馬功勞。

對於一般來降的明朝漢官、漢

紫檀七屏式大寶座床：寶座床體積巨大，用紫檀木精雕而成，七面圍屏上各鑲嵌著一條在雲上盤曲的遊龍，充分顯示出清代皇家家具的宮廷氣派。

各旗佐領圖印：佐領為管理三百人的八旗下級軍官。

將，皇太極皆以厚禮相待，從而籠絡了一大批富有統治經驗的漢官和驍勇善戰的漢將，如祖大壽、孔有德、耿仲明、尚可喜等人，皆在太宗時期先後降清，成為清軍的重要將領。大批漢官、漢將降清，不僅提高了清政權的統治效能和戰鬥能力，而且迅速促進了後金政權的封建化。

釐訂官制，改革舊制

後金原是奴隸制政權，其中有許多不合時宜的舊制度，越來越無法適應女真族在遼東農業區域的社會發展。皇太極遂決定吸取漢族王朝的統治經驗，仿照明朝制度，更定官制，設置各級統治機構，並對後金政權中的舊制度進行了改革。

後金天聰三年（一六二九年）四月，太宗設文館，把儒臣分為兩班，叫巴克什（漢語為文書之意，後改稱「筆帖式」），也稱文館大學士。一班從事翻譯漢文典籍，總結歷史經驗；一班則記注本朝政事。文館實際上成了太宗的諮詢機關和顧問團。天聰十年（一六三六年）三月，又改文館為內三院：內國史院，負責記錄起

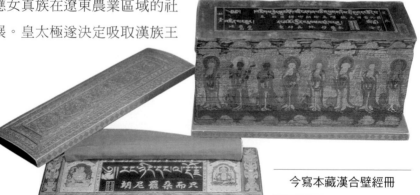

今寫本藏漢合璧經冊

居，撰寫詔令、表章；內祕書院，負責撰寫對外往來文書和對下屬官吏的指令以及起草祭文；內弘文院，負責注釋史籍，給大汗及王子講解經史。各院均設大學士一人、學士二人，三院共九人，由滿、蒙、漢人分別擔任。

努爾哈赤生前鑒於各旗主貝勒擁有強大權勢、激烈爭奪汗位，於天命七年（一六二二年）三月宣布，以後實行八位和碩貝勒（八旗旗主）共議國政的制度；新汗由八貝勒商議後「任置」，軍國大事由八貝勒議處。

天命十一年（一六二六年），努爾哈赤病逝，經大貝勒代善提議，諸貝勒「任置」皇太極為新汗，以大汗與代善、阿敏、莽古爾泰為主，輔以諸貝勒，議處軍國大事。皇太極的三位兄長均操重權，他們是努爾哈赤第二子代善、第五子莽古爾泰和皇太極的堂兄阿敏，被稱為三大貝勒，分掌兩紅、兩白四旗。每朝議事，太宗只能與三大貝勒並坐，行兄弟之禮。這種聯合政體的繼續存在，必然造成皇權分散，影響後金政權的進一步鞏固和發展。

針對八位和碩貝勒聯合執政的制度，皇太極進行了改革。

首先是削弱八旗旗主對政權的控制

白玉童騎象：一只高大健碩象、裝飾華麗的大象曲頸側視，背脊和象首邊各有一幼童，正在嬉戲。玉色白中帶青，晶瑩潤澤，象與頑童的形象彼此呼應渾然一體，極為生動精美。

力。舊制每旗設總管旗務大臣一員，作爲旗主的助手。皇太極繼位不久，就下令「凡議國政，旗務大臣與諸王貝勒偕坐議之」，把諸王貝勒的部分權力分給了旗務大臣，使其相互牽制。天聰五年（一六三一年）皇太極參照明朝的政體，設立了吏、戶、禮、兵、刑、工六部，開始時，每部由貝勒一人兼管部事。六部與八旗不同，八旗各樹一幟，互不統屬，

皇太極不能直接干預旗務，而六部是後金的辦事機構，要服從大汗的旨意，因此，六部的設立，有利於皇權的加強。崇德元年（一六三六年）又設都察院，以監察各級官吏。崇德三年（一六三八年）七月，皇太極下令停止貝勒兼管部事。同年又設理藩院。八旗旗主不得干涉六部及都察院、理藩院的事務，把政務同旗務分開，諸貝勒權力進一步被削弱。其次，降低三大貝勒的政治地位，削弱其勢力。在後金政權中，三大貝勒對皇權的威脅最大。天聰三年（一六二九年）二月，皇太極以關心三大貝勒勞苦爲名，免去他們輪流值月，皇太極說「因循

瀋陽故宮大政殿：瀋陽故宮是太祖努爾哈赤和太宗皇太極兩汗王營造和使用過的宮殿。它佔地六萬多平方米，主要有大政殿、十王亭、崇政殿、鳳凰樓等建築，是舉世僅有的以滿族風格爲主的宮殿建築群，同時也融合了漢、蒙古等民族建築的特點。瀋陽故宮以完整、璀璨、濃郁的民族特色和獨特的歷史地位而聞名於世。

舊制值月，一切機務都得煩勞諸兄經理，多有不便，嗣後，可以讓弟侄輩諸貝勒代為值月，如有疏失，問罪於下諸貝勒。」三大貝勒只好答應，離開值月，這也意味著他們政治地位的下降。之後，皇太極隨即開始剪除他們的勢力。大貝勒阿敏首當其衝，阿敏以擁立皇太極居功自傲，又因野心得不到滿足而懷有不滿情緒。天聰三年十月，皇太極親率大軍伐明，攻下永平、灤州、遷安、遵化等城池，命阿敏率軍堅守。旋即明軍大舉反攻，阿敏下令屠城並將城中財物搶掠一空後棄城逃跑。皇太極抓住阿敏棄城屠民一事，連帶追究舊惡，諸貝勒共議論罪當死，皇太極從寬處理，改為幽禁。阿敏被貶之後，皇太極便把打擊矛頭指向莽古爾泰。天聰五年（一六三一年）八月，圍攻大凌河城，莽古爾泰同皇太極發生爭執，甚至手握腰刀。皇太極非常惱怒，後以「御前拔刀罪」革去莽古爾泰的大貝勒爵位，降為一般貝勒。事後，參政李伯龍提出「莽古爾泰不應與上並坐」，皇太極把李伯龍的提議交諸貝勒、大臣討論。大貝勒代善領會皇太極的意圖，主動請求說：「自今以

後，上南面居中坐，我與莽古爾泰侍座於側。」皇太極順水推舟，立即批准代善的請求。次年正月，皇太極正式廢除「與三大貝勒俱南面坐受」的舊制，改為「汗南面獨坐」。朝儀的座位排列，表現了傳統王朝的等級制度，皇太極南面獨坐，儼然是「唯我獨尊」的帝王了。

易國號，改族稱

天聰九年（一六三五年）三月，蒙古察哈爾部林丹汗之子額哲獻上傳國玉璽，歸順後金。傳國玉璽的獲得，使皇太極認為這是「天命歸金」，應該順天應人，登上皇帝寶座，於是在天聰十年（一六三六年）四月十一日，在盛京大政殿舉行稱帝儀式，建國號為「大清」，改元「崇德」。

為什麼皇太極要用大清作國號呢？有人從宗教觀念去解釋，認為北方許多民族信奉薩滿教，而薩滿教崇尚青色，故以清（青）命國名；有的人從金、木、水、火、土五行相克去解釋，認為明為火，清為水，以水克火，清必代明；也有人從語音上去解釋，認為金與清一音之轉，滿語發音

並無差別。目前多數學者較爲認同的觀點是，廢金而改大清，主要是因爲歷史上女真族建立的金國，長期與宋對立，金兵南下時大肆屠殺漢人，與漢民積怨甚深，如仍以金爲國名，容易激起漢族人民的民族仇恨；再者，過去金朝只統治半個中國，而太宗目的是要一統天下，爲了表示其雄心壯志，所以改金爲大清。

太宗不僅廢去大金國號，而且還改族稱女真爲滿洲，並禁用「諸申」（女真舊號肅愼的別稱）來稱呼族名，這又是爲何呢？

早在努爾哈赤建立後金政權後，就改自己所在的建州衛滿住部爲滿洲部。皇太極在修《清太祖實錄》時，曾矢口否認自己的族稱是女真，說滿洲歷來是我們的國名，因爲南朝（明朝）不懂我們的語言，而誤稱爲諸申、女真。皇太極還否定滿洲族與歷史上的女真族有源流關係，他在給明將祖大壽的信裡說：「爾國君臣唯以宋故事爲鑒。其實爾明主（明朝皇帝）非宋之苗裔，朕亦非金之子孫，彼一時也，此一時也。」原來前金政權進入中原之後，「禁民漢服及削

清景泰藍花瓣形五角盆景盆

髮，不如式者死」，不知枉殺了多少無辜漢人。此事留駐青史，影響甚大。由此可以推斷，皇太極改女真為滿洲，是為了避免激起廣大漢民的民族宿怨，從而減少入主中原的阻力。

皇太極改國名為大清之後，躊躇滿志，下一個戰略目標就是入主中原。早在天聰元年（一六二七年），皇太極就發動「丁卯之役」，憑武力壓服了朝鮮，迫其訂立「兄弟之盟」，從而擊破了明廷對後金政權的包圍圈。天聰十年（一六三六年），皇太極又發動「丙子之役」，迫使朝鮮承認與清政權是「君臣關係」，朝鮮由此完全脫離明朝，並參加清軍對明軍的作戰。蒙古各部也相繼歸附清政權。

如此一來，清政權周圍的三個敵國只剩下明朝，解除了西進南下的後顧之憂。崇德五年至七年（一六四〇～一六四二年），清軍攻下松山、錦州等城，控制了入關的門戶，並收降明將祖大壽、洪承疇；崇德七年至八年（一六四二～一六四三年），清軍攻入關內，橫掃晉、冀、魯等地，八旗兵威震中原；崇德七年十月，五世達賴的代表和蒙古厄魯特部首領戴青綽爾濟親赴盛京，與清通好。

然而天有不測風雲，崇德八年（一六四三年）八月九日晚，皇太極突患中風暴卒，年僅五十二歲。其人雖逝，但生前已經擘畫了多民族國家的雛形，問鼎中原、統一全國，已呈水到渠成之勢。

4、定鼎燕京，入主中原

清太宗皇太極死後，太宗的異母弟多爾袞擁立六歲的侄子——太宗的皇九子福臨繼位，改元順治，多爾袞被尊為叔父攝政王，執掌軍政大權。多爾袞能征善戰，素有遠見，在他的主持下，清軍伺機而動，問鼎中原。

明末農民起義風起雲湧，李自成的大順軍和張獻忠的大西軍迅猛發展。順治元年（一六四四年）三月十七日，李自成兵臨北京城下，十九日明崇禎帝於景山自縊，農民軍攻佔北京。四月四日，范文程上書多爾袞說：「當今正是攝政王建功立業，垂休萬世之時，應該進取中原，與流寇角爭，並令（明）官仍其職，民復其業，錄賢能，恤無告，直驅燕京。大河以北，可傳檄而定。」多爾袞採納此議，打出「救民出水火」的旗號，四月九日率清軍直驅山海關。

此時山海關有明將吳三桂把守，李自成派人送來其父吳襄的勸降書和

山海關：李自成佔領北京後，驕傲輕敵，而明平西伯吳三桂則「衝冠一怒為紅顏」，憤而降清，開山海關迎來清兵。李自成統兵東征，山海關一戰大敗，清軍隨即入主中原，巍峨的山海關城樓是這一歷史事件的見證。

四萬犒銀，招他入京，並派兩萬軍兵代替吳三桂守關；多爾袞亦致書勸降。吳三桂騎牆觀望，猶豫不定，雖接受了李自成的犒銀，卻在九門口屯兵，為自己留了後路，這才往京城慢行。途中遇見自京城逃出的家人，方知其父被囚，愛妾陳圓圓被擄。吳三桂掉頭返回山海關，擊走李自成的二萬守關軍兵，同時馳書向多爾袞求救。四月十三日，李自成親率二十萬大軍前往山海關。正在緊急之時，多爾袞回書許以「必封故土，晉為藩王」，勸吳三桂降清。四月二十一日，清軍進駐山海關外十里處。吳三桂出關拜見多爾

李自成雕像：李自成是陝西米脂人，明末農民起義軍傑出領袖。崇禎初年參加農民起義軍，號稱闖王，轉戰於川、豫、陝等省，屢敗明軍。明崇禎十七年（一六四四年）稱帝，隨後攻入京師，推翻明王朝，後敗於清軍。

衷，兩人結為生死同盟。次日，多爾
衷率清軍分三路入關，多爾衷部署先
以吳三桂率軍自右翼對農民軍發起進
攻，繼以八旗兵突襲農民軍。農民軍
兩面受敵，敗回北京，大勢已去。四
月二十九日，李自成匆匆登基稱帝，
次日撤離北京西行。而多爾衷也封吳
三桂為平西王，急令吳三桂以及阿濟
格、多鐸率精兵分為兩路，向西追擊
農民軍。

五月二日，多爾衷在明朝文武遺
臣的迎接下，進入北京。入京之後，
多爾衷首先致力於安定局勢，恢復正
常秩序。根據漢官的建議，多爾衷作
出了一系列重大決策：第一，發布王
令，重申清軍「此行是除暴救民，滅
賊以安天下。勿殺無辜、掠財物、焚
民舍，不如約者，罪之」。第二，為
明崇禎帝發喪，全城官民服喪三日，
由禮部以帝王禮葬於昌平明陵，並派

清鐵炮：清軍入關前逐步裝備火炮，入關攻
城掠地，常仰賴火炮的威力。

太和殿：紫禁城是明清兩朝的皇宮，其中的
太和殿、中和殿、保和殿俗稱三大殿，是中
軸線上的主要建築。三大殿建在三層重疊
「工」字形漢白玉須彌座上，中層、上層臺階
各九級，下層二十一級。太和殿，也稱金鑾
殿，是紫禁城的正殿，是皇權的象徵。只有
在每年的元旦、冬至、萬壽（皇帝生日）三大
節時，皇帝才登臨此殿受賀。

兵護守明朝帝陵。第三，嚴格軍紀，禁止士兵入民家，以安人心。令兵部傳檄各省、州、郡、縣，歸順明官，凡保全錢糧、戶口、兵馬冊籍者升官加爵。這些作法，有利於爭取漢族地主階級的支持與合作，使局面很快穩定下來。至六月初，北京局勢基本恢復正常。

多爾袞和入京諸親王、大臣們遂議定遷都燕京（北京）。八月二十日，順治帝連同宗室公主、太宗后妃及諸貝勒大臣、蒙古公主等一起西遷來京。九月十九日，到達燕京，自正陽門進入明皇宮。當日多爾袞率滿、漢官員，上表勸進順治帝定鼎燕京，即帝位，君臨天下。同時派官員護送太祖努爾哈赤、太宗皇太極的神主，入太廟安座。十月一日，定鼎大典在外城天壇舉行。七歲的福臨偕同諸王貝勒來到天壇，祭告天地，宣告即大清皇帝位，頒布「大清時憲曆」。十日，多爾袞代表順治帝於紫禁城皇極門頒詔天下，詔書宣布：「十月乙卯祭告天地宗廟社稷，定鼎燕京，建有天下之號曰大清，紀元順治。」一代新朝正式建立。

5、攝政王多爾袞

多爾袞與「大福晉生殉」

多爾袞（一六一二～一六五〇年），姓愛新覺羅氏，努爾哈赤第十四子。

多爾袞的母親，是努爾哈赤晚年寵愛的大福晉烏拉納喇氏阿巴亥。而阿巴亥則是後金歷史疑案——「大福晉生殉」的主角。

後金天命十一年（一六二六年）八月十一日，努爾哈赤在距盛京（瀋陽）四十里的靉雞堡去世。多爾袞三兄弟成爲皇太極、代善之外，惟一可能問鼎的力量；甚至有一說是努爾哈赤遺詔雖列多人候選，臨終口諭則是傳位多爾袞，暫由代善輔政。關鍵時刻，代善被他的兩個兒子說服，接受了皇太極的交換條件，宣布立皇太極爲汗。皇太極得知此訊後的第一個反應，是率領諸貝勒一起趕赴大福晉阿巴亥所居之處，以先父「遺命」，逼其殉葬。實錄記載，阿巴亥始「支吾不從」，後在皇太極等逼迫下，無奈自盡。臨終前，她哀謂諸王曰：「吾自十二歲事先帝，豐衣美食，

已二十六年，吾不忍離，故相從於地下。吾二幼子多兒哄、多躲，當恩養之。」諸王泣而對曰：「二幼弟吾等若不恩養，是忘父也，豈有不恩養之理」。

努爾哈赤十六個妻子，殉葬的只有阿巴亥等三人，其他十一人均未從殉。後金乃至清朝，除阿巴亥外，沒有大福晉或正宮皇后殉葬的習俗和事例。努爾哈赤也沒有可能「遺命」阿巴亥殉葬。首先，努爾哈赤重親情。聽說大福晉富察氏「欺夫」與太子私通，他悲憤異常，認爲非殺不可，卻又顧及「彼諸幼子生病，尚需看護服侍」，「若念此罪而殺，則吾愛如心肝之子，將何等悲泣」而未殺，只「不與彼共處」，將其休棄。而阿巴亥爲努爾哈赤所鍾愛，且沒有過失，兩個幼子多爾袞、多鐸，也只是十來歲的幼童，已經喪父，若再失母，在殘酷複雜的政治鬥爭和豪橫兄長的欺凌下，將面臨何等險惡的處境。其次，努爾哈赤療養、病危、病逝均於盛京之外，即使有這樣的「遺命」，

也沒有機會告知諸貝勒大臣。更何況他病危之時召阿巴亥往迎，二人朝夕相處了四天之久，何不親諭阿巴亥並對其「愛如心肝之幼子」作必要的安排？縱使他意欲保密，夙「有機變」的阿巴亥，又怎麼可能毫無察覺，在皇太極等迫令生殉時沒有任何心理準備而束手就擒呢？

皇太極

「大福晉生殉」疑案的背後，勾連著太子被廢、富察氏被休兩個疑案。

努爾哈赤晚年曾以長子褚英為嗣。在殘酷的奪位鬥爭中，褚英被誅。其後，努爾哈赤立代善為太子。代善在十五皇子中居長，位居四大貝勒之首，佐父治國，屢建軍功，曾被賜與古英巴圖魯（意為鋼鐵勇士，有清一代為代善所獨有）的美稱。他權勢傾蓋朝野，擁有正紅、鑲紅兩旗；其侄杜度主鑲白旗，其長子岳托、次子碩托均為擁有牛錄、統領軍隊的勇將。尤為難得的是，他為人寬厚謙讓，從不居功自傲，故此深得人心。但是，不久後代善卻被廢去了太子之位。

太子被廢之前，發生了富察氏被休的大案。富察氏是努爾哈赤第二個大福晉，即史載與努爾哈赤患難與共、

不得真憑實據，諸多貝勒大臣卻說是「屬實」。可知他們暗中勾結，企圖透過誣陷富察氏來打擊代善，以與繼母私通的滔天大罪來廢掉太子。這是一場蓄謀的倒嗣政變。在此政變中，直接得利的有三個人；第一個得利者是皇太極，褚英被誅以後，代善和莽古爾泰是皇太極奪位的主要對手。此次，他們同時遭到了慘重打擊。富察氏是莽古爾泰生母，事情發生，莽古爾泰不知所措。他急於取悅努爾哈赤，竟親手將生母殺死，從此聲名一敗塗地，與汗

清　緞地盤金龍斗蓬

創業建國的袞代皇后。她以勾引代善、私藏私賜、財物、衣帛等四罪被努爾哈赤休棄。獲罪的關鍵則是與代善私通。其根據源於小福晉代音察和諸貝勒大臣的揭發，說她「曾兩次備飯送與大貝勒」，且「一日二、三次遣人至大貝勒家」，又二、三次「深夜出院」，在汗家宴會、聚集議事時，「用金飾、東珠裝扮己身，眼望大貝勒行走」等，「諒有同謀」。這只是牽強附會的揣測，算

清　繡金銀長褲

位無緣。代善與努爾哈赤之間，也因此出現了裂痕。不久，發生了代善爭宅基地，寵信繼妻、虐待前妻之子碩托、誣陷碩托與己妾通姦三件事。這本爲家務事，但努爾哈赤對代善已心存成見，據此認爲，代善若繼汗位，必內寵悍婦、外信小人，以權謀私，攪亂國政。代善終被廢去太子之位。第二個得利者是小福晉代音察，她因首告有功，被升與努爾哈赤同桌共食。還有一個得利者，便是側福晉鳥拉納喇氏阿巴亥。富察氏被休棄後，她晉升爲大妃，成爲努爾哈赤的第三個大福晉。這事可能是皇太極聯合阿巴亥，透過阿巴亥指使代音察誣告富察氏和代善，製造了這起冤案。

《滿文老檔》記載大福晉被休棄，沒有指明是哪一位大福晉。努爾哈赤總共有過三位大福晉。在迎娶第二位大福晉富察氏（即袞代皇后）時，褚英代善之母——第一位大福晉佟佳氏已死。之後，努爾哈赤又有鳥拉納喇氏阿巴亥爲第三位大福晉。也有一種說法爲，被努爾哈赤休棄的是第三位大福晉阿巴亥。

阿巴亥十二歲時被其叔父，鳥拉部首領布佔泰作爲報答不殺之恩的一件禮物，獻給努爾哈赤，作了側福晉。她爲努爾哈赤生養了最小的兒子——阿濟格、多爾袞、多鐸，深受努爾哈赤寵愛。阿巴亥與代善，美人英雄兩相情篤，抑或是爲了在年老的丈夫死後，爲自己和自己的幼子找一個可以託身的靠山，而發生了皇太極指使小福晉代音察告訐之事。努爾哈赤忍痛將其休棄。但是努爾哈赤臨終前四天，卻無法按捺內心深處對她的愛戀之情，降旨令她迎駕與她重敘夫妻之情。最後她被皇太極等諸貝勒逼迫，撇下三個幼子，爲努爾哈赤生殉了。

從太子被廢事件發生後，莽古爾泰手刃生母大富察氏，以及阿巴亥諸

清　魚鱗百褶裙

清太祖努爾哈赤第十四子多爾袞，於順治元年（一六四四年）統兵入關，開國定基。當時，因順治皇帝年幼，由多爾袞代決軍國大事。據說，他批奏本章可不奉上命，概稱詔旨，連皇帝的印璽也貯其王府，以便隨時鈐用。

登上大福晉的寶座。

六年中，阿巴亥勢力發展迅速。阿巴亥成為大福晉後，多爾袞三兄弟因母而地位急遽上升。從廢黜太子盟誓時，諸貝勒的誓詞中可見，努爾哈赤眾多子侄輩中不少年高資深、戰功卓著的人未為和碩額真，但年方十四歲、八歲、六歲的阿濟格、多爾袞、多鐸卻已進入八和碩額真之列。努爾哈赤給予阿濟格、多爾袞、多鐸極其罕見的殊恩：使阿濟格、多爾袞、多鐸轄有汗父自領的正黃、鑲黃二旗和十五牛錄，並許諾再賜一旗，使其均為「全旗之主」。這一許諾雖因努爾

子地位上升看，被休棄的大福晉似乎不是烏拉那喇氏阿巴亥，而是富察氏。原居側福晉之位的阿巴亥，在努爾哈赤晚年紛繁複雜的儲位之爭中，與皇太極聯手誣告大福晉富察氏與太子代善私通，二人各逐其願；皇太極兩個主要對手遭到滅頂之災，阿巴亥

哈赤故去未能實現，但多爾袞三兄弟擁二旗、六十牛錄的實力，也已超過了包括皇太極在內三大貝勒，與大貝勒代善並駕齊驅。

阿巴亥的三個兒子，特別是多爾袞，成為最具實力與皇太極爭位的對手。阿巴亥身為後金國母，權傾朝

多爾袞與「太后下嫁」

野，且年富力強，胸懷大志，精明機敏，知曉後金軍國、皇太極乃至努爾哈赤的核心機密，她必然繼續發展自己的勢力，並以努爾哈赤「遺命」的名義，按自己意志左右政局。有她在，多爾袞兄弟的發展不堪設想。她只有死。

數日之內，年幼的多爾袞橫遭大變，遽喪其父，又痛失慈母，且降居為受管轄的一般貝勒行列。而他並不知曉，這些變故深層潛在的原因，竟然是由於可能（僅僅是可能）成為奪位障礙的他自己！這樣的身世可悲可歎。更甚者，年長二十歲的皇太極，懷著複雜的情感恪守對阿巴亥「恩養」多爾袞兄弟的保證。他扶多爾袞作鑲白旗旗主，將兩白旗納入自己的保護、當然也是控制之下；而後，以兄長國君的身分對多爾袞百般拉攏提攜，使多爾袞二十四歲時被封為和碩睿親王，二十六歲時授命大將軍，統兵攻明，成為大智大勇、軍功卓絕的青年統帥。

多爾袞成人以後，與諸多滿族貴族一樣，娶蒙古博爾濟吉特氏為妻。他的婚姻平凡無奇，他的妻子鮮為人知。而他與順治帝福臨之母孝莊后的關係，卻成為「太后下嫁」的清初四大疑案之一，被人們猜測議論了二百多年。

崇德十一年（一六四三年），皇

順治帝登極詔書

太極病逝。新的皇位之爭發生在兩黃、正藍三旗支持的皇太極長子豪格和兩白旗及多數諸王貝勒支持的皇太極十四弟多爾袞之間。在關鍵時刻，多爾袞突然宣布立皇太極九子福臨為

帝，由他本人和鄭親王濟爾哈朗「左右輔政，共管八旗事務」。這一決定使兩黃旗大臣無話可說。他們打的是擁立皇子的旗號，而豪格則因為無封號的繼妃烏拉那喇氏所生，已自行退出。兩白旗及多爾袞的支持者也能接受──他們的力量難以壓倒對方，擁立年幼皇子攝政，就能在幕後掌權當起皇帝之實。滿族帝基崩潰的危機，竟以福臨的即位而化解了。

福臨只是個六歲的小皇帝，背後的攝政王多爾袞，以及皇太后孝莊，遂成為關注的焦點。特別是二人的關係引起諸多遐想和猜測，衍生出無數版本的傳聞。

流傳較廣的是，多爾袞與孝莊本來即有私情，在難以壓倒對手自登皇位的情況下，多爾袞擁立了孝莊之子福臨。而福臨即位之後，孝莊下嫁了多爾袞，多

孝莊皇后朝服圖

爾袞終成皇帝。

這些傳言並非空穴來風。儘管孝莊十三歲便嫁給皇太極，後為他生了福臨；又是皇太極稱帝所封五宮後妃之一的永福宮莊妃，但皇太極感情專一，只深愛孝莊之姐、關雎宮宸妃海蘭珠一人。孝莊得不到皇太極寵愛，與少年英雄多爾袞年齡相仿，且為近親——多爾袞既為孝莊小叔，其妻還是孝莊堂姐，因而往來密切，即便無私情，日久心生愛慕之意，也在情理之中。孝莊無寵有勢。五宮後妃中三名為博爾濟吉特氏——中宮皇后哲哲是孝莊親姑，東宮宸妃海蘭珠是孝莊親姐。莊妃上位雖有麟趾宮貴妃和她的兒子博木博果爾，但麟趾宮貴妃原為被俘獲的蒙古林丹汗之妻，博木博果爾更幼，年方兩歲。孝莊之子福臨被多爾袞擁立是必然的。

太后（孝莊）有無下嫁多爾袞，正史並無記載，史家也各執所見。

「下嫁說」以為寡嫂嫁叔是滿族習俗，為當時道德規範所承認，更何況多爾袞大權獨攬、野心膨脹，孝莊為保全兒子的皇位，極有可能採取下嫁之策。這一說法，主要依據三點：一是入關後，多爾袞的頭銜從攝政王一直晉加至「皇父」攝政王，試策、本章、旨意都改稱其為「皇父攝政王」，且死後被尊為「懿懋德修遠廣業定功安民立政誠敬義皇帝」，簡稱「義皇帝」，廟號「成宗」，祔於太廟。二是清初張煌言「建夷宮詞」中，有「上壽稱為合巹樽，慈甯宮裡爛盈門，春官昨進新儀注，大禮恭逢太后婚」之句。三是孝莊死後沒有祔葬皇太極，而是葬在遠離盛京（今瀋陽）昭陵千里之遙的東陵「風水牆」之外。

「未嫁說」則以為滿族既已入關，又志在天下，便不能不受漢族禮俗的制約。他們對「下嫁說」的依據——提出商榷，認為「皇父」等同於「尚父」、「仲父」，是古時君主尊臣之稱，並非君主本人的父親，不足為證；張煌言雖與多爾袞同時，卻是遠離北京的南明抗清名臣，不排除抱有成見，以傳言加臆測揮灑成詩；清代不祔葬的皇后並非孝莊一人，如順治孝惠后、雍正孝聖后等也未祔葬。

入關以後，孝莊無論下嫁多爾袞、還是做了多爾袞的情婦，都是從兒子和兒子的皇位出發。多爾袞無論

與孝莊結合與否，都反映出他是清入關以後，左右政局的第一人。

多爾袞與「順治掘墓」

順治七年（一六五〇年），多爾袞赴邊外圍獵，病死途中，時年三十九歲。

弘曆立碑：多爾袞死後滿身罪名，百餘年無人論及此事。直至乾隆四十三年（一七七八年）正月，弘曆才頒詔立碑，為多爾袞平反昭雪，肯定他在清朝開國時「成一統之業，厥功最著」的重大功績。

多爾袞一死，年僅十四歲的順治帝立即親政，不久，便以「陰謀篡逆」的罪名籍沒了多爾袞的家產人口，悉行追奪所得封典，將其黨羽凌遲處死，將其罪狀昭示中外，傳教士衛匡國記載：多爾袞的屍體被「挖出來，用棍子打，又用鞭子抽，最後砍掉腦袋，暴屍示眾，他的雄偉壯麗陵墓化為塵土」。

順治帝與多爾袞有何深仇大恨？多爾袞罪名是「陰謀篡逆」，雖然多爾袞至死也未稱帝。連乾隆帝都看到：多爾袞「掃蕩賊氛、肅清宮禁、分遣諸王追殲流寇、撫定疆陲、創制規模，皆所經畫；尋奉世祖車駕入都，成一統之業，厥功最著。王果萌異志，兵權在握，何事不可為，乃不于彼時因利乘便，直至身後始以殮服僭用龍袞，證為覬覦，有是理乎」！

順治帝與多爾袞的矛盾，實際上是滿、漢兩種文化激烈衝突的反映。

順治帝原本是做為漢文

化「皇子繼承」和滿文化和碩貝勒共議國政的一個折衷，被滿文化的代表人物多爾袞推上皇帝寶座。順理成章，滿文化不但主宰了清初的政局，也主宰了清初的宮廷。

從清初政局看，多爾袞率清軍入關，在擊潰李自成數十萬農民軍的同時，以安置滿族「東來諸王、勳臣、兵丁人等」為由，三次下令「圈地」；逼迫漢民「投充」旗下，強制實行落後的農奴制。原來的小農變成了奴隸，紛紛逃亡。清廷又行重治窩主的「逃人法」。留容逃人做工、甚至住宿的均算「窩主」，加上連坐，喪身亡家的不知幾千萬人。多爾袞頒布「剃髮易服」令，屠戮、掃蕩、蹂躪，將漢民族的情感、尊嚴乃至家園，統統踐踏在八旗軍的鐵蹄之下。漢族人民理所當然聯合起來激烈反抗，幾乎顛覆了新建的清王朝。有朝臣提出非議，多爾袞則一意孤行，實行民族高壓政策，並下令「凡有為剃頭、圈地、衣冠、投充、逃人牽連五事具疏者，一概治罪。奏本不許封進」！

從清初宮廷看，君權旁落於多爾袞之手。孝莊為了維護兒子的皇位下嫁多爾袞或作了多爾袞情婦。多爾袞且行「皇父」之權，主宰順治婚姻，為他迎娶蒙古博爾濟吉特氏皇后，並阻礙他對漢文化的學習。多爾袞本人則因襲被漢族士人恥笑的滿族舊俗——不僅在與太后關係上不檢點，且幽禁豪格後，公然冊立其妻為妃。而順治已在皇帝之位——這皇帝是漢文化意義上的皇帝。順治不能容忍這一切，強烈要求改變多爾袞的弊政；實現和證實自己至高無上的皇帝地位。這是他與多爾袞水火不容的根本所在。

作為努爾哈赤、皇太極的後繼者，多爾袞揮師入關，遷都北京，西征南進，傳檄天下，輔佐年幼的順治帝，建立起全新的政權。多爾袞是清朝的開國功臣，是率領自己族民馳進嶄新世界，為多民族融合發展作出貢獻的英雄人物。多爾袞的專權跋扈，以及他所施行政策，在清初造成重大負面影響的「圈地」、「投充」、「逃人法」、「剃法令」等弊政，則反映了他個人的思維侷限，以及滿民族向中央集權君主專制、向先進社會過渡的歷史進程。

第二章

空前統一的
多民族國家

滿洲以少數民族入主中原，憑十幾萬人統御全國
數億人口，國祚近三百年，更享百年盛世，這
一奇蹟不能不引發後世人深深的思考。入主中原後，滿
洲統治者在鞏固統治集團核心地位的同時，承襲中原地
區的傳統文明，尊孔崇儒，獲得漢族地主階級的支持，
迅速穩定和鞏固了統治。與此同時，清初幾代帝王還積
極經營邊疆，拓疆闢土，平定叛亂，加強對少數民族地
區的管理。對邊疆地區的有效治理，增強了邊疆各族與
中原的聯繫，促進了民族團結，維護了領土的完整，標
誌著空前統一的多民族國家的形成。

1、「首崇滿洲」與「滿漢一家」

清朝入關後，實行「首崇滿洲」以固國本，同時宣稱「滿漢一家」，採取種種措施，籠絡漢族地主階級和官僚士紳。此外，還大力尊孔崇儒，宣導理學，在思想上締造滿漢共同的精神紐帶，從而鞏固了滿漢合作的統治方式。

所謂「首崇滿洲」，也稱「滿洲根本」，就是清朝統治者實行了一系列政策措施，以鞏固滿洲貴族的核心統治地位。一是設立議政王大臣會議，議決軍國大政。參加會議的大臣主要是滿洲王公大臣及少數蒙古王公大臣，漢官除范文程、寧完我等清帝特批之人外，皆不能當議政大臣。二是加強八旗制度。順治年間定制，京城八旗設驍騎、前鋒、步兵、護軍諸營，領侍衛府等八旗軍隊，負責京城尤其是皇宮大內的防務以及伴君隨駕等。在全國各重要城市及戰略要地設立駐防八旗，由八旗將士駐守，綏靖地方，拱衛京師。三是以諸王管理六部。六部設立之初只有滿尚書，順治五年（一六四八年）年始設漢尚書，但部印由滿尚書掌管。理藩院之尚書、侍郎只能以滿、蒙人員充任。由此，滿洲貴族、王

清代官帽和文官補服

公大臣牢牢地掌握了軍政大權，成為統治核心。

但是只憑區區千餘名滿洲王公大臣和十幾萬八旗兵，是消滅不了幾百萬抗清力量和對全國實施有效的統治，還是必須依靠漢人，實施「以漢治漢」，才能坐定江山。因而滿洲統治者又高唱「滿漢一家」，爭取漢族地主階級的官僚、士人、兵將的支持。入關之前，清廷即打出「滅流寇以安天下」的口號，來爭取漢族地主的支持。同時嚴格軍紀，禁止搶掠，甚至宣布「有搶漢人一物者，即行處斬」。對於投降者，「官仍其職，民復其業，錄其賢能，恤其無告」。定鼎燕京後，多爾袞在范文程等人的建議下，採取了一系列措施安定民心。

為了籠絡漢族知識份子，多爾袞親赴孔廟行禮，規定每年三月、九月定期祭祀。順治九年（一六五二年），皇帝親赴曲阜奠基，並撥銀三萬兩修整孔廟。此外，清政府組織前朝著名文人撰修《明史》，編校書籍，通過《順治大訓》、《資政要覽》等官方文稿，大力提倡忠孝觀念。在攻心的同時，統治者還積極保障漢族地主、官僚、士紳在政治、經濟方面的權益。在政治上，對於降附者，

《馬術圖》：郎世寧所繪《馬術圖》，反映了當時乾隆帝率領文武官員和杜爾伯特部上層人物，在避暑山莊萬樹圍觀看馬技的情景。畫面上幾位八旗騎士展轉騰挪的英姿令人在讚歎之餘，不免對馬背民族生出幾分敬畏來。

禮遇重用；隱逸山野者，徵辟錄用；以身殉國者，立廟享祭。在形式上使滿漢官員平等，皆有職權。順治二年（一六四五年），開科取士，此後規定每三年舉行一次鄉試。正科之外，再設加科、博學鴻詞科，爲漢族地主階級知識分子廣開仕途之門，大張利祿之網。通過「滿漢一家」的政策，滿洲統治者吸收了大量的漢官、漢士、漢將、漢兵加入到清政府來，充實了清政府的各級軍政機構，爲肅清抗清力量，統一全國，安定九州，鞏固清王朝的統治，起了不可代替的作用。

漢人佔全國人口絕大多數，是關係到滿族統治安危的關鍵性因素，所以滿族統治者除了鼓吹「滿漢一家」之外，更爲重要的是，締造維繫傳統倫理綱常和統治秩序的共同精神紐

「萬世師表」匾額：康熙帝為北京孔廟大成殿門額題「萬世師表」匾，表明清帝對孔子的尊崇。

帶。爲此，清代統治者豎起了尊孔崇儒的大旗，大力宣導儒家倫理思想，以此收服天下士子之心，消除漢人觀念中的夷夏大防。順治二年，順治帝尊孔子爲「大成至聖文宣先師」；康熙帝時又賜匾額爲「萬世師表」，南巡時過曲阜，謁孔廟，並以九五之尊向孔子行三跪九叩之禮。其後，歷代皇帝都頒有讚頌孔子的御書匾額。康熙帝大力宣導漢族的傳統文化，並身先示範，孜孜不倦地學習。針對當時陸王心學已演變爲空疏無用的現狀，康熙帝大力宣導程朱理學，以取代陸王心學。爲了糾正明末王學空談誤國，康熙帝崇儒重道，經筵講論，孜孜以提倡程朱理學爲事，身體力行，

使之上行下效，蔚然成風。上有康熙帝宣導，下有諸臣如湯斌、李光地、熊賜履、魏象樞、魏裔介、張伯行等諸理學大家力行，再加上朝廷的強力推行，程朱理學又成為思想正統。康熙九年（一六七〇年），康熙帝親撰「聖諭」十六條，曉諭國內；雍正帝又給十六條做了注釋，改稱《聖諭廣訓》。「十六條」及《聖諭廣訓》體現了以儒家倫理思想治國的理念，充分反映了清政府要將儒家思想充分貫徹到社會各個方面的意圖，行教化、明人倫、正人心、定秩序，從而從根本上維護了清王朝的統治。

清加封孔子碑

清承明制，繼續尊孔子為「聖人」，推崇儒學。國子監牌坊。

2、盟旗制度與滿蒙聯姻

早在後金時期，努爾哈赤就對蒙古各部予以籠絡，結爲友好。天聰六年（一六三二年）三月，太宗皇太極徵集蒙古各部，親率大軍遠征林丹汗，收降林丹汗數萬眾。天聰九年（一六三五年）二月，林丹汗之子額哲率部民歸降。崇德元年（一六三六年），漠南蒙古十六部的首領齊聚盛京，尊皇太極爲「博克達徹辰汗」，奉戴爲共主。與此同時，漠北蒙古各部也向清納貢稱臣。漠西蒙古和碩特部在首領固始汗的率領下，在明末清初進居青海、西藏地區，與清保持和好納貢的關係；準噶爾部於乾隆年間隸屬清朝；杜爾伯特部於乾隆十八年（一七五三年）歸附清朝；土爾扈特部也於乾隆三十六年（一七七一年）在首領渥巴錫汗率領下返回祖國。至此漠南、漠北、漠西的蒙古諸部及地區盡歸屬清朝。

清政府在綏服蒙古各部過程中，根據八旗制度的組織原則，結合蒙古原有社會制度，逐步建立起盟旗制度，分爲總管旗和札薩克旗兩種。盟旗並非獨立自主的政權，它受中央政府直接統轄和節制，履行清廷委付的職責。在盟旗之上，一切重大軍政事宜的最高裁決權屬於理藩院；而地方性的重大事件，則報有關地區的將軍、都統和辦事大臣會辦。通過盟旗制度，清政府對蒙古地區進行了有效的管轄，鞏固了多民族國家的統一。

哨鹿圖（局部）：此圖繪於乾隆六年（一七四一年）秋季，是乾隆帝即位後首次赴圍場哨鹿打獵的情景。馬隊前列第三騎白馬者即為乾隆帝，其餘諸人為隨行的王公官員。

滿洲統治者還以聯姻爲手段，籠絡蒙古上層王公，密切滿蒙之間的聯繫。入關前後，滿蒙聯姻總計達五百八十六次，滿族皇家嫁給蒙古的女子（包括皇女公主及其他宗女格格）多達四百三十名，僅在乾隆帝統治的六十年間，嫁與蒙古的皇家女兒就有一百七十九人。滿蒙之間保持了三個世紀的通婚，建立了世代姻親關係。滿蒙聯姻，對滿蒙之間的長期和好、清廷統轄與治理邊疆蒙古地區以及民族融合，都起到了重要的作用。

康熙年間，清政府正式設立木蘭圍場，每年夏秋之際，清朝皇帝都要帶領宗室親王、文武百官以及蒙古王公、漠南蒙古內札薩克四十九旗、漠北喀爾喀和漠西、青海諸部的札薩克，到木蘭圍場狩獵，稱爲「木蘭秋獮」。通過圍獵，進一步加強了朝廷與蒙古各部上層人物的關係，維持與蒙古族之間的密切聯繫。自康熙二十年至乾隆六十年間（一六八一～一七九五年），清帝舉行木蘭秋獮共八十九次，既訓練了八旗軍隊，又團結了蒙古各部。

3、削平三藩

康熙初年，雲貴的平西王吳三桂、廣東的平南王尚可喜、福建的靖南王耿精忠，掌握地方軍事、行政、財政大權，擁兵自重。而朝廷每年須向三藩供應大量的餉銀，致使「天下財賦，半耗於三藩」。三藩勢力日益膨脹，成爲清王朝的心腹大患。康熙帝親政後，將撤藩視爲首要之事。

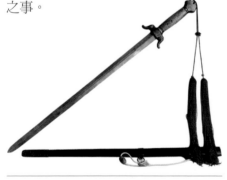

鋼刀、鋼劍

康熙十二年（一六七三年）三月，平南王尚可喜以年老多病上疏，請求歸老遼東，留其子尚之信繼續鎮守廣東。此舉給予康熙帝撤藩的藉口，他指出「廣東已經底定」，藩王坐鎮已無必要，同意尚可喜告老，但不許留子鎮守，「全藩家屬兵丁，均行議遷」。吳三桂、耿精忠聞訊，先後上疏請撤藩，試探朝廷意旨。此事引起清廷大臣們的激烈爭論，康熙帝認爲「藩鎮久握重兵，勢成尾大，非國家利」，「不早除之，將養癰成患」，吳三桂等「蓄異志久，撤亦反，不撤亦反」，決意撤藩。

同年十一月，吳三桂自稱「天下都招討兵馬大元帥」，以復興明室相

號召，率先發動叛亂。一時間，吳三桂在各地的黨羽、一些叛明降清的文官武將紛紛起兵響應，四川、湖南盡數陷落。次年三月，耿精忠在福州起兵叛亂。叛軍攻城掠地，勢力在南方迅速蔓延。

吳三桂叛亂，舉朝震動。年方二十歲的康熙帝臨危不亂，在策略上「剿撫並用」：下令停撤閩、粵二藩，凡歸降叛軍「即與保全，恩養安插」，以分化瓦解三藩陣營；同時調兵遣將，集中討伐吳三桂。此時的八旗兵因生活優裕已失去當年的凌厲氣概。新一代的貝勒亦缺乏指揮作戰的

實際經驗，所以戰鬥一再失利，戰爭局勢對清軍極為不利。

康熙十三年（一六七四年）十二月，陝甘提督王輔臣舉兵反叛。吳三桂兵分兩路，一路由長沙出江西，分擾袁州，陷萍鄉、安福、上高，與耿精忠叛軍會合；另一路由四川窺陝西，企圖與陝甘提督王輔臣會合，進逼京師。吳三桂親赴松滋調度，揚言將決荊州夾堤灌城，暗中卻分兵

乾清宮：乾清宮是雍正帝之前明清皇帝的寢宮和日常生活的場所，康熙帝就是在這裡處理國家大事的。

據夷陵東北的鎮荊山，掠穀城、鄖城、南漳等地，想與西北的叛軍會合。康熙帝首先採用招撫的辦法，爭取王輔臣重新歸附，對甘肅提督張勇也加恩重用，使之忠於清王朝，穩定了西北局勢後集中兵力南攻。由於八旗兵戰鬥力下降，康熙帝大膽起用綠營漢兵將，破格提拔趙良棟、姚啟聖等人，並予以重用。同時令時任欽天監副的傳教士南懷仁設計督造的新式大炮，迅速投入戰場使用，增強了清軍的戰鬥力，清軍因而很快轉為反攻。

南懷仁造的威遠將軍炮

平藩清軍攻入昆明城：康熙帝力主平定三藩叛亂，吳三桂死後，清軍控制了局勢。康熙二十年（一六八一年），清軍攻入昆明城，三藩叛亂終被平息。

康熙帝組織清軍從荊州江北和江西兩個方向展開進攻。從江西方向迂迴間道破袁州，又自醴陵克萍鄉，乘勝直指長沙。吳三桂急忙率松滋等長江湖口前線駐軍回援長沙，又從各方調兵遣將，全力扼守。康熙帝看到吳軍全力回救長沙，便乘其湖口各路守備空虛之際，令清軍自荊州渡江進攻，吳軍潰敗。

對於耿精忠，康熙帝以招撫亂其陣營，同時加強軍事攻勢。康熙十五年（一六七六年）十月四日，耿精忠在大軍壓境、內部矛盾重重的形勢下，率部投降。隨後尚可喜亦主動致密函請降，康熙帝令其「相機剿賊，立功自效」。康熙十六年（一六七七年）五月，清軍抵達廣東，尚之信（尚可喜之子）率部「歸正」。陝西、福建、廣東以及江西都先後平復，剪斷了吳三桂的側翼。康熙十七年（一六七八年）以後，戰局對吳三桂更加不利。為了振奮士氣，吳三桂於同年三月在衡州稱帝，定國號為「周」，建元「昭武」。八月，吳三桂暴死，諸將迎立其孫吳世璠繼位，改元洪化，退居貴陽。

康熙十八年（一六七九年），清軍平岳州、長沙、衡州等地，同時又收復湖南、廣西。康熙帝下詔「當時倡叛，罪止吳三桂一人，所屬人員均係脅從，情可矜恕」，投誠者「皆赦其前罪，論功敘錄，加恩安插」，對叛軍起了迅速瓦解的作用。康熙十九年（一六八〇年）正月，清軍定漢中、復成都、攻重慶，克復四川。康熙帝命清軍自湖南、廣西、四川兵分三路，齊搗雲南。康熙二十年（一六八一年），清朝三路大軍在雲南會師，圍攻昆明，吳世璠自殺身亡，其餘叛軍投降。歷時八年之久的三藩之亂至此平定。

康熙帝朝服：朝服由黃緞製成，上繡雲龍紋，領口、衣襟均用貂皮滾邊，是康熙帝在舉行重大典禮時穿的冬朝服。

4、收復臺灣

明朝天啓四年（一六二四年），荷蘭殖民者侵佔臺灣。鄭成功北伐失敗後，爲了堅持長期抗清，決定收復臺灣，並以此作爲反清根據地。順治十八年（一六六一年）三月，鄭成功率軍進擊荷蘭殖民者。康熙元年（一六六二年）正月，鄭成功指揮軍隊從海陸兩方向荷蘭侵略者發動進攻。面對中國軍隊的強大攻勢，荷軍統帥終於在投降書上簽字。收復臺灣後，鄭成功採取一系列政治、經濟和文化措施經營臺灣，促進了臺灣的開發建設。鄭成功死後，由被人譏爲「頑童」的鄭經即位。

康熙帝開始欲以和平方式解決臺灣問題，曾兩次派人招降。但鄭經請同朝鮮一樣，「不剃髮、不易衣」，希望維持獨立狀態，被康熙帝斷然拒絕。

「三藩之亂」時，鄭經參與了叛亂。康熙二十年（一六八一年）正月，鄭經去世，其子爭立王位，

鄭成功塑像：鄭成功（一六二四～一六六二年），原名森，字大木，南明隆武政權平國公鄭芝龍之子。由於受隆武帝賞識，被封為延平郡王，賜姓朱。清軍入關後，鄭芝龍降清，鄭成功卻在金門、廈門一帶堅持抗清。

局面混亂，新繼位的鄭克塽無力控制局面。康熙帝趁機用兵，下令以施琅爲福建水師提督，統領舟師進取澎湖、臺灣。康熙二十二年（一六八三年），施琅率水師由福建銅山出發，進攻澎湖。當時澎湖守將劉國軒嚴陣以待，各港口均派重兵把守，又在沿岸環二十餘里築壘設炮，火力兇猛，清軍艦船無法靠岸。這時又逢颶風突起，清軍前鋒顛蕩飄散，被劉國軒派

戰艦包圍。施琅督率大船指揮突圍，拼死力戰，才轉危為安。

　　針對不利的形勢，施琅迅速調整戰略，兵分三路，兩翼配合，中路主攻。以五十艘出牛心灣；五十艘出雞籠嶼為奇兵牽制；施琅親自率五十六艘，分八隊，攻其中堅，以八十艘為後隊。隨後發起攻擊，激戰竟日，焚敵艦一百九十多艘。劉國軒力不能敵，退守臺灣。清軍佔領澎湖後，乘勝追擊，無奈擱淺鹿耳門，泊海中二十日候潮竟不至。一日忽起大霧，潮高丈餘，清軍舟師乘勢進攻。鄭克塽哀嘆：「先王得臺灣，鹿耳門漲，今歸順大清。臺灣平定，與大陸復歸統一。

　　康熙二十三年（一六八四年），清政府在臺灣設一府（臺灣府）三縣（臺灣、鳳山、諸羅），隸屬福建省管轄；並在臺灣設巡道一員，總兵官一員，副將二員，兵八千；在澎湖設副將一員，兵二千。從此，在清朝中央政府的統一治理下，臺灣的開發也進入了新的歷史時期。

海上激戰油畫，呈現了鄭成功軍隊與荷蘭艦隊爭戰的場面。

5、抗擊沙俄入侵

　　從十六世紀後半期起，沙俄勢力開始越過烏拉爾山，五十多年間佔有了整個西伯利亞，並進一步覬覦中國的黑龍江流域。明崇禎十六年（一六四三年），一支哥薩克人遠征軍進入精奇里江的支流勃良塔河流域和黑龍江流域，燒殺搶掠，侵擾兩年之久才退回。順治六年（一六四九年）春，沙俄富商哈巴羅夫組織第二支遠征軍，對黑龍江流域進行武裝入侵，次年佔領了雅克薩。順治十年（一六五三年），斯捷潘諾夫接替哈巴羅夫統率沙俄侵略軍，在黑龍江上游呼瑪爾河口築壘防禦。順治十二年至十七年（一六五五～一六六○年），清軍幾次出擊俄軍，基本剿滅了斯捷潘諾夫軍。但一批來自葉尼塞

雅克薩之戰油畫。

的沙俄殖民者重新佔據了尼布楚，康熙四年（一六六五年），另一夥沙俄侵略者又侵佔了雅克薩。俄軍以雅克薩和尼布楚為據點，不斷蠶食黑龍江流域的領土，招降納叛，挑撥離間各民族之間的關係，進行野蠻的掠奪和屠殺，使當地居民處於水深火熱之中。

　　康熙帝初欲以和平方式解決問題，幾次派人到雅克薩、尼布楚送信，令俄人退出，但俄軍置若罔聞，變本加厲。「三藩之亂」平定

「神威無敵大將軍」炮：康熙十五年（一六七六年）鑄造，銅質，在雅克薩之戰中發揮了巨大威力。

後，康熙二十四年（一六八五年）二月，康熙帝命令都統彭春、副都統郎談、黑龍江將軍薩布素統軍三千多人，水陸兩路進取雅克薩。五月二十三日，清軍抵達雅克薩城下，依康熙帝命令向雅克薩俄軍統領托爾布津發出警告，要求其儘速撤回亞庫次克。守城俄軍雖不過四百五十人，但執意頑抗。次日清軍水陸配合，包圍雅克薩。在城南「設擋牌土壘，施放弓弩」佯攻，而將「紅夷大炮」架於城北，又在兩翼放神威將軍大炮夾攻。二十五日黎明，清軍發起進攻，俄軍血肉橫飛，死傷慘重，俄軍頭目托爾布津被迫率殘部出城投降。清軍對他們寬大處理，放其回國。然後摧毀雅克薩城，還駐璦琿。

《尼布楚條約》及沙俄政府給清政府的圖書：康熙二十八年（一六八九年）七月二十四日，中俄雙方經過十四天的談判，正式簽署了《尼布楚條約》。條約文本為拉丁文，兩國使臣分別交換了經過雙方簽名、蓋章的滿文本、俄文本和拉丁文本。條約還以漢、俄、拉丁諸文刻在石上，置於兩國邊界，以作永久界碑。

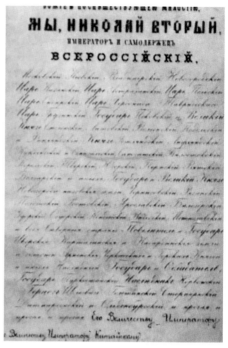

清軍撤軍不久，托爾布津殘部在六百多援軍支持下，又重返雅克薩，加固城牆，深挖護城壕溝，企圖長期盤踞。康熙二十五年（一六八六年）二月，康熙帝命薩布素統兵二千，乘船沿黑龍江溯流而上，進擊雅克薩。七月兵臨城下，俄軍憑藉城堅糧足，負隅頑抗。雙方對峙，戰鬥激烈。十一月底，托爾布津被大炮擊中斃命，俄軍僅剩百餘人。清軍將雅克薩圍困達三個月之久，俄軍外無援軍，內斷糧草，士兵多數患病。這時俄國政府代表抵達北京交涉停戰，清軍遂撤圍。

康熙二十八年（一六八九年）七月，中俄雙方在尼布楚進行談判，簽訂《尼布楚條約》。該約從法律上肯定了格爾必齊河和額爾古納河以東，外興安嶺直至鄂霍茨克海以南的烏蘇里江和黑龍江流域，包括庫頁島在內的廣大地區，都是中國的領土。《尼布楚條約》是中俄雙方在平等協商基礎上簽訂的第一個邊界條約，這個條約給中國的東北邊疆帶來了一百五十年的和平。

6、統一新疆

清朝初期，居住在中國西北方的蒙古族分為三大部，即漠南蒙古、漠北喀爾喀蒙古、漠西厄魯特蒙古。漠南蒙古於清入關前即已歸服。漠北喀爾喀蒙古下分札薩克圖、土謝圖、車臣三部。漠西厄魯特蒙古部，明朝初期稱瓦剌，明末清初時稱為厄魯特，居住在巴爾喀什湖以東、以南一帶。厄魯特蒙古又分為四大部：游牧於巴爾喀什湖以東、天山以北、伊犁河流域的稱準噶爾部；游牧於烏魯木齊附近地區的稱和碩特部；游牧於額爾齊斯河沿岸的為杜爾伯特部；游牧於塔爾巴哈臺附近地區的稱土爾扈特部。十七世紀以來，漠西厄魯特蒙古的準噶爾部逐漸強大起來。崇禎初年，土爾扈特部因受準噶爾部的排擠，離開塔爾巴哈臺牧區，向西遠徙到額濟勒河（今伏爾加河）流域游牧。之後，和碩特部也因為與準噶爾部發生衝突，離開原牧地，向東南移牧青海一帶。只有杜爾伯特部與準噶爾部是同族關係，仍然共牧於阿勒泰地區。

康熙初年，噶爾丹自立為準噶爾

內蒙古席力圖召：席力圖召曾為清軍征準噶爾時的駐軍之所。

汗，在沙俄政府的唆使下，於康熙二十七年（一六八八年）對漠南喀爾喀蒙古部發動了突然襲擊。沙俄侵略者趁機引誘喀爾喀蒙古投降沙俄，喀爾喀部宗教首領哲布尊丹巴拒絕了沙俄的誘降，毅然率領數十萬部眾南歸內地，歸順清朝。康熙帝把他們安置在科爾沁草原游牧，責令噶爾丹退兵，歸還喀爾喀牧地。但噶爾丹依仗沙俄的支持，公然率二萬多騎兵，以追擊喀爾喀為名，深入內蒙，前鋒到達烏珠穆沁境，距北京僅九百餘里。

形勢緊急，康熙帝遂決定親征，康熙二十九年（一六九〇年），清軍兵分兩路出擊。右翼在烏珠穆沁作戰失利，噶爾丹進入烏蘭布通（今赤峰市境），距北京僅七百里；但左翼清軍以優勢火器摧毀了噶爾丹的「駝城」，大敗叛軍。康熙三十五年（一六九六年），清軍於昭莫多

三征噶爾丹：康熙帝於康熙二十九年、三十五年、三十六年三次親征噶爾丹，最終徹底地平定了噶爾丹叛亂，並遣送喀爾喀各部重返原來的牧場休養生息。康熙三十六年四月七日，康熙帝班師回朝，途中作〈凱旋言懷〉詩：「六載不止息，三度勤征輪。邊坼自此靜，亭堠無煙塵。」這幾句詩是他對自己三次親征噶爾丹的總結。

（今烏蘭巴托東南）截擊叛軍，噶爾丹戰敗，連夜潰逃。康熙三十六年（一六九七年），康熙帝又親率大軍至寧夏，將叛軍包圍。噶爾丹四面楚歌，走投無路，服毒自殺而死。

　　噶爾丹叛亂平定後，喀爾喀蒙古各部回到原來的牧地，各部首領接受了清朝的封號，至此，外蒙古地區完全統一在清朝政府的管轄之下。清朝在科布多、烏里雅蘇臺等地派了將軍和參贊大臣，掌管當地軍政大權，加

《北征督運圖冊》（局部）：《北征督運圖冊》是根據平定準噶爾叛亂西路大軍軍糧督運官範承烈的經歷畫成的。原圖冊二十四開，現存十九開，每半開工筆設色作圖，另半開範承烈自題畫面內容梗概。圖中對所經城鎮、臺站、山川河湖、沙漠、道路里程、各族官兵、民夫、車馬等都進行了詳細生動的描繪，是一篇形象的歷史文獻。

強了對外蒙古的統治。

　　噶爾丹死後，康熙帝因策妄阿拉布坦助剿有功，承認其為準噶爾汗，並劃阿爾泰山以西的遼闊土地

供其放牧。但策妄阿拉布坦羽翼豐滿之後，也走上叛亂的道路。他不僅控制了天山南北，而且妄圖吞併西藏。康熙五十六年（一七一七年）十月，策妄阿拉布坦派兵攻入拉薩，殺死拉藏汗，擄其妻子財物，囚禁拉藏汗所立的六世達賴意希嘉措，組織傀儡政權，控制了西藏。康熙五十九年（一七二〇年），清廷分兵兩路入藏進擊策妄阿拉布坦。康熙帝還令北路軍在進軍的同時，護送新冊封的七世達賴格桑嘉措入藏。在藏族人民的幫助下，清軍迅速驅逐了叛軍，使西藏的局勢穩定下來。這一年，七世達賴在拉薩坐床，康熙帝賜封號，並派大臣分管前藏和後藏，又駐兵留守西藏。至此，西藏地區完全歸於清朝政府的統轄之下。

雍正五年（一七二七年），策妄阿拉布坦死，其子噶爾丹策零繼位為準噶爾汗。乾隆十年（一七四五年），噶爾丹策零死，準噶爾部陷入長期的內亂。貴族達瓦齊乘機自立，但屬下官民紛紛歸降清朝，使他陷入了眾叛親離的境地。乾隆帝認為最後平定準噶爾部分裂割據勢力的時機已經成熟，遂決定大舉出兵。乾隆二十年（一七五五年）年春，清軍分北、西兩路，各二・五萬人，馬七萬匹，向伊犁進軍。五月初，兩路清軍進抵伊犁，達瓦齊逃往南疆，為維吾爾族軍民捉獲，送至清廷，清軍遂佔領了準噶爾部全境。

同年，策妄阿拉布坦的外孫阿睦爾撒納在伊犁公開叛亂。次年，清政府出兵平叛。阿睦爾撒納潰敗，叛逃至俄境。

當清政府打敗準噶爾部時，曾受準噶爾部奴役的維吾爾族首領大、小和卓木乘機逃回老家。他們想獨霸一方，於是煽動維吾爾族上層分子發動叛亂。乾隆二十三年（一七五八年），清政府派兵鎮壓。次年，叛亂被平定，大、小和卓木被殺。清政府在喀什噶爾等地設官駐兵，加強對天山南路的管理。

清政府平定準噶爾部和大、小和卓叛亂，統一新疆後，實行了軍府制統治。於乾隆二十七年（一七六二年）設伊犁將軍於惠遠城（今新疆霍城），任命明瑞為第一任伊犁將軍，

《萬樹園賜宴圖》：郎世寧作。此圖畫的是乾隆帝在承德避暑山莊內，接見來歸降的阿睦爾撒納等蒙古貴族的場面。

為統治新疆全境的最高官員，統一行使對天山南北各地的軍政管轄。伊犁將軍之下，分設都統、參贊、辦事、領隊大臣，分別管理各地軍政事務。清政府對新疆各族人民的統治，依據「因地制宜」、「因俗施治」的原則，採用不同的辦法。如對廣大維吾爾族聚居地區依舊實行伯克（突厥語音譯，地方官吏稱號）制度，但是廢除了伯克的世襲，伯克的任免權歸於中央，並嚴格實行政教分離；在東疆漢人較多的地區實行郡縣制；而對北

疆的蒙古族和哈密、吐魯番地區的維吾爾族，則實行札薩克制，即冊封王、貝子、公等世襲爵位。吐魯番地區軍府制與札薩克制並行。清朝政府在官員的任用方面還採取了以滿族為主、各族官員並用的政策；經濟方面，推行以農業為主，農牧並舉的經濟措施，減輕賦稅，採取中央財政定額補貼制度等。清朝統治時期，新疆的社會經濟得到了較大的發展。

蘇公塔：又名額敏塔，位於新疆吐魯番縣城東南郊，塔旁立有維、漢兩種文字的石碑，係十八世紀中葉吐魯番郡王蘇來滿為其父額敏所建。塔高四十四公尺，以黃色方磚砌成，為新疆伊斯蘭教著名的建築。

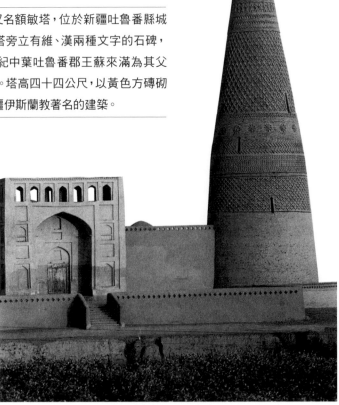

7、平定大小金川叛亂

在四川西北部小金沙江上游，有大、小金川兩個支流，生活在該地的居民與藏人同族，明代其領袖哈伊拉木被封爲世襲的土司，稱「金川寺演化禪師」，哈伊拉木的後裔卜兒吉細，於順治七年（一六五〇年）降服清朝。康熙年間，嘉納巴襲封「演化禪師」職，世襲傳至其曾孫澤旺。嘉納巴的一個偏房孫子莎羅奔，曾於康熙五十九年（一七二〇年）跟隨清軍入藏作戰，在岳鍾琪麾下立了戰功，經由岳鍾琪的保薦，雍正元年（一七二三年）莎羅奔被封爲安撫使，衙門設在大金川東岸的噶爾崖。舊土司官澤旺衙門則位於小金川的美諾。莎羅奔於乾隆十一年（一七四六年）劫持澤旺，奪取「演化禪師」之印，兼併了小金川。次年，莎羅奔公開叛亂，攻打鄰近土司。四川巡撫紀山派兵鎮壓，被莎羅奔所敗。清政府調雲貴總督張廣泗爲四川總督，率軍三萬攻佔美諾，但是莎羅奔及其侄兒據險死守勒烏圍和噶爾崖，加上張廣泗左右所用非人；一個是澤旺的弟弟

岳鍾琪像：岳鍾琪，字東美，四川成都人。他性情沉毅，治軍嚴整，康熙、雍正兩朝，在平定西藏、征青海、統一新疆等戰役中，立下赫赫戰功，得封三等公。雍正十年（一七三二年），岳鍾琪被劾罷官。乾隆十三年（一七四八年），乾隆帝復起用岳鍾琪爲提督，平息金川叛亂，重封三等公。終清之世，漢大臣拜大將軍，滿洲兵隸麾下受節制者，惟岳鍾琪一人。

良爾吉，暗通莎羅奔，清軍舉動盡爲莎羅奔得知，另一位心腹漢人王秋，也爲莎羅奔收買，爲莎羅奔通風報信，因此清軍久攻不下，損失慘重。

乾隆十三年（一七四八年），清政府派大學士納親爲經略大臣赴川

西督師作戰。納親到後，斬殺奸細良爾吉和王秋，然後頒令全軍，三日內攻克噶爾崖。然而三天之後，噶爾崖屹立如故，清軍傷亡慘重。納親遂產生畏難情緒，「久而無功」。乾隆帝怒殺張廣泗，賜死納親；改用岳鍾琪為四川提督，傅恒為經略，再率清軍攻打莎羅奔。岳鍾琪久經沙場，調度有方，率領清軍一路攻城掠地，勢如破竹，直逼莎羅奔據守地勒烏圍。在包圍勒烏圍之後，岳鍾琪只帶十二名隨從進入勒烏圍，與莎羅奔暢敘舊誼，勸其歸降。次日，莎羅奔帶領兒子郎吉，到傅恒軍前投降，表示願意退還所佔臨近土司的土地，發誓不再侵犯，服從大清，按時納貢。傅恒秉承乾隆帝之意，赦免了莎羅奔，令其官復原職。

莎羅奔年邁，遂讓其侄子郎卡主持軍政事務。乾隆二十三年（一七五八年），郎卡又發起叛亂，逐走小金川和革布希札的土司。四川總督開泰率清軍聯合其他幾個土司的兵馬擊敗郎卡，收復其侵佔的地盤。乾隆二十七年（一七六二年），郎卡又侵略黨壩。乾隆三十一年（一七六六年），乾隆帝令四川總督

阿勒泰聯合九土司兵攻大金川。大兵壓境，郎卡屈服，不久病死；其子索諾木繼任土司，並轉而聯合小金川。小金川土司僧格桑野心正熾，雙方一拍即合，於乾隆三十六年（一七七一年）同時發動叛亂，清軍盡為大小金川兵所敗。乾隆帝得知後，立賜阿勒泰自盡，派大學士溫福督師，以尚書桂林代阿勒泰為四川總督，再次進剿大小金川。乾隆三十八年（一七七三年），溫福所率清軍接連潰敗，溫福戰死沙場，軍糧被劫。乾隆帝時在熱河秋獮，獲報後「急調健銳、火器營二千，吉林索倫兵二千」增援，升阿桂為定西將軍，嚴令剿滅叛亂。阿桂率軍在十月間連續作戰五天五夜，攻陷小金川的美諾。次年七月，阿桂兵分多路，同時出擊，索諾木驚懼之下，毒死僧格桑，企圖以此與清軍講和。阿桂置之不理，繼續攻打，於乾隆四十年底（一七七五年），包圍噶爾崖，將索諾木擒獲，押送京師。

清政府先後用了二十多年，終於平定了大小金川的叛亂。為防止土司繼續叛亂而加強管轄，清政府廢除土司制，改置州、縣。設美諾、阿爾古二廳，隸屬四川省，同時將四川西北

各地的土司，也相繼改爲州、縣。這樣不但加強了這一地區與內地的經濟、文化交流，也暢通了四川至西藏的通道。然而，前後兩役耗銀七千萬兩，對於清政府財政也頗有影響。

乾隆帝大閱圖：乾隆帝每三年大閱一次，以壯軍威，鼓舞士氣。此圖繪乾隆四年（一七三九年）乾隆帝臨南苑檢閱八旗軍時的戎裝像。乾隆帝全副武裝騎在駿馬上，英姿煥發，形神畢肖。

8、加強對西藏的管轄

早在入關之前，清政府就與西藏有了聯繫。清朝初期對青藏高原蒙古和碩特部固始汗和達賴喇嘛封予名號，以維持他們的統治地位。順治元年（一六四四年），清朝派使者入藏，邀請五世達賴。順治九年（一六五二年）正月，五世達賴喇嘛應召到北京覲見順治帝。為迎接五世達賴，順治帝專門為他在安定門外建造了黃寺，由戶部撥九萬兩白銀作為供養。次年清政府冊封五世達賴喇嘛為「西天大善自在佛所領天下釋教普通瓦赤喇怛喇達賴喇嘛」，冊封固始汗為「遵行文義敏慧固始汗」。自此，達賴喇嘛的封號和其在西藏的政教地位遂正式被確定，也確定了清朝對西藏地方的主權。

固始汗和五世達賴喇嘛去世後，在拉藏汗和攝政第巴桑結嘉措聯合執政時期，圍繞所謂真假六世達賴喇嘛（即第巴桑結嘉措所立倉央嘉措和拉藏汗所立意希嘉措）之爭，西藏統治集團內部出現嚴重的矛盾分歧，政局動盪不安。蒙古準噶爾部乘機攻入西藏。康熙五十九年（一七二〇年），清政府驅

五世達賴喇嘛靈塔

逐了準噶爾部勢力，次年春，對西藏政權進行了改革，徹底廢除了蒙古和碩特部汗王和格魯派的第巴桑結嘉措共同管理西藏政務的制度，任命抗擊准軍有功的康濟鼐、阿爾布巴、隆布鼐三人為噶倫（意為「發布命令的官員」），共同管理西藏行政。另外，清政府還在拉薩、昌都、里塘等地駐兵，保衛地方。

雍正元年（一七二三年），清廷又增加頗羅鼐和代表黃教寺院集團的札爾鼐為噶倫，會同以前任命的三名噶倫共同管理藏務。但是五名噶倫之間早有矛盾，康濟鼐、頗羅鼐同屬後藏貴族，又曾聯合抗擊准軍，因而結成一派；阿爾布巴、隆布鼐同屬後藏，加上代表黃教勢力的札爾鼐，結

銀鍍金鑲珊瑚松石壇城：壇城原為佛教徒誦經修法時供奉佛及菩薩像的場所。這種銀鍍金小型壇城是藏傳佛教中象徵宇宙的法器。在舉行宗教儀式時，持於手中或設於案上，以示供奉。據記載，這個壇城是五世達賴喇嘛阿旺羅桑嘉措來京攜帶之物，最初供奉在特為接待他而興建的黃寺內。

成另一派。而七世達賴之父索南達傑，也與阿爾布巴一派串通，兩派勢成水火，鬥爭激烈。

雍正五年（一七二七年）初，清廷派出僧格、馬臘兩人赴藏查看，阿爾布巴先發制人，於六月間殺死康濟鼐，又發兵攻打頗羅鼐。頗羅鼐一面組織抵抗，一面派人奏報雍正帝。次年，頗羅鼐攻入拉薩，擒獲阿爾布巴等人，交由僧格、馬臘處置。頗羅鼐精明能幹，對朝廷忠心，雍正帝遂令

他一人總理西藏事務。次年，清廷正式在西藏設立「駐藏辦事衙門大臣」，大學士僧格、副都統馬臘為正、副駐藏大臣，分駐前、後藏，監督西藏地方行政。此後直到乾隆十二年（一七四七年），西藏在頗羅鼐的主持下社會穩定，生產穩定發展。頗羅鼐因此先後被晉封為貝子、貝勒、多羅貝勒、郡王。

乾隆十二年，頗羅鼐病逝，其子珠爾墨特承襲父爵後，野心顯露，暗通準噶爾。乾隆十五年（一七五○年），駐藏大臣傅清、拉布敦誘殺珠爾墨特，他們二人也被珠爾墨特部下所殺。事變發生後，七世達賴迅速擒獲兇手，奏聞朝廷。乾隆帝隨即派四川總督策楞、提督岳鍾琪率軍入藏處理善後事宜。總結西藏歷次動亂教訓，乾隆帝決定廢除封王制度。乾隆十六年（一七五一年），清政府正式在西藏建立噶廈（西藏地方政府），

第七世班禪唐卡像：清順治二年(一六四五年)，蒙古和碩特部固始汗贈四世達賴和五世達賴的師傅，日喀則梨什倫布寺主持羅桑卻吉堅贊(一五六七～一六二二年)為「班禪博克多」(意為大學者、睿智英武之人)，班禪的尊號自此開始使用。班禪為喇嘛教主名號，其地位僅次於達賴。

手抄本《格薩爾王傳》書影：《格薩爾王傳》是藏族地區廣泛流傳的長篇英雄史詩，在蒙古族、土族、納西族等地區和不丹、尼泊爾等國家的某些地區也有流傳。

設置四名噶倫，規定三俗一僧，共同處理政務。同時，清廷授權達賴掌政，遇有大事，噶倫須向達賴和駐藏大臣請示，自此西藏確立了「政教合一」的地方政權。

乾隆五十六年（一七九一年）八月，尼泊爾的廓爾喀軍入侵西藏。同年十一月，乾隆帝派福康安、海蘭察率一・七萬大軍入藏驅逐廓爾喀軍。次年五月，將廓爾喀軍逐出西藏；七月攻入尼泊爾境內，廓爾喀王請降，

金奔巴瓶：金瓶掣籤制度的具體做法是，把中央政府頒發的金奔巴瓶供奉在拉薩大昭寺，內裝象牙籤數枚，遇有呼畢勒罕（指達賴、班禪等大喇嘛的化身）出世，將報出靈童的出生年月日及名姓，各寫一籤，放入瓶內，焚香誦經七日，由駐藏大臣會同大喇嘛等在眾人面前抽籤決定。

九月，清軍班師凱旋。乾隆五十八年（一七九三年），清政府頒布《欽定藏內善後章程二十九條》，由八世達賴在全藏公布，成爲法典。《二十九條》的主要內容包括：明確規定駐藏大臣的地位與達賴喇嘛、班禪額爾德尼平等，監督辦理西藏事務（這是對駐藏大臣職責和地位的首次明確規定）。噶倫、代本等高級僧俗官員由達賴喇嘛和駐藏大臣會同選擇，呈請中央政府任命；下級官員則由駐藏大臣與達賴喇嘛會同挑選。建立西藏地方的常備軍，定額三千人，分駐前、後藏，拉薩、日喀則各駐一千，江孜、定日各駐五百，駐藏大臣負責管理和訓練西藏常備軍隊。確定了著名的金瓶掣籤制度，即每世達賴、班禪

的轉世靈童必須在駐藏大臣監督下，經由乾隆帝所賜的金瓶掣出，再報中央政府批准；其後坐床，也須由駐藏大臣「看視」，報告皇帝。西藏的一切涉外事務均由駐藏大臣辦理。西藏地方政府的收入統由駐藏大臣稽查。由駐藏大臣派員監督鑄造銀幣。從此，駐藏大臣的政治權力更加鞏固，達賴喇嘛和班禪額爾德尼平等的宗教地位和政治地位進一步確立，清朝治理西藏的制度更加完善。

經過對邊疆地區一百年之久的用兵，到乾隆時，形成了幅員遼闊的清帝國，實現了空前的鞏固和統一。在這塊遼闊的疆域內，生活著漢、滿、蒙、回、藏、維吾爾、壯、苗、彝、布依、佘、納西、侗、白、土家、黎

布達拉宮寺廟飛簷上的怪獸：飛簷上的怪獸是由鱷魚的形象演化而來。佛教中，鱷魚是有靈性的動物，具有護院、防火的象徵意義。

等五十多個民族，形成了統一的多民族國家，基本奠定了近代以來中國的民族格局。

布達拉宮：布達拉宮為唐朝時吐蕃贊普松贊幹布與文成公主聯姻後所建，但後來毀於雷擊和戰火。十七世紀，五世達賴喇嘛在原室遺址上重新修建布達拉宮，七世和十三世達賴喇嘛又進行擴建，才具有了現在的規模。

第三章

最後的盛世繁華

清王朝經過一百多年的勵精圖治和休養生息，至乾隆中期進入了「盛世」，國力和聲威達到鼎盛。社會經濟蓬勃發展，農業、手工業和商業繁榮昌盛。避暑山莊和外八廟、「三山五園」等瑰麗的皇家園林盛極一時。良好的社會、經濟環境，使清代的文化集歷代於大成。乾嘉漢學興盛。《紅樓夢》、《儒林外史》、《聊齋志異》等優秀小說獨霸文壇。京劇異軍突起，傳遍大江南北。畫壇流派林立，名家輩出，「清初四僧」、「四王惲吳」、「揚州八怪」，還有一股強勁的西洋風。

1、繁榮的社會經濟

農業方面，由於清初統治者鼓勵墾荒，實施更名田制，康熙帝時又廢止圈地令，調整了土地佔有狀況，因而鼓勵農民從事農業生產的積極性。同時，清政府重視興修水利，特別是治理黃河、淮河和運河與修築江浙沿海海塘，消除了水患，爲農業的發展創造了條件。此外清政府還改革賦役制度，取消丁銀，實行攤丁入畝，火耗歸公、蠲免捐稅等措施，調動了農民生產的積極性，促進農業生產持續、迅速地發展。

農業的發展首先表現在耕地面積迅速擴大。經過人民辛勤墾殖，全國的耕地面積迅速擴大。納稅田畝數，康熙五十一年（一七一二年）比康熙二十二年（一六八三年）增加百分之二十三，至雍正四年（一七二六年），則比康熙二十二年增加百分之六十。而此時耕地面積已超過明末耕地面積百分之二十‧六。耕地面積的迅速擴大，反映了農業經濟的發展。

《農事圖》

其次是糧食產量的普遍提高，高產作物的普遍種植。由於興修農田水利，並且採取了精耕細作，單位面積的產量有了明顯的提高。南方的水稻產地，一般畝產二、三石，多者達到畝產五、六石。高產作物，特別是甘薯和玉米，乾隆時在中國南、北方得到廣泛地種植，成為主要食糧。

再其次是經濟作物如棉花、煙草、茶樹、甘蔗等種植更加廣泛。例如棉花，在明代已廣泛種植，清代前期則更加盛行。康熙帝親撰《御制木棉賦》，宣諭植棉的效益，引起社會對種植棉花的廣泛重視。當時長江三角洲和東南沿海地區、錢塘江沿岸地區以及河南、直隸等地，都成為產棉區。北方直隸保定一帶棉花種植也「約居十之二、三」。其他經濟作物如煙草、甘蔗、茶樹、桑蠶等，也得到了廣泛地種植和發展。

農業的發展，促進了手工業和商業的發展。手工業部門以紡織業、陶瓷業、礦冶業、製鹽業的發展最為迅速。

紡織業技術進步，品種繁多。

粉彩太平有象雕塑：大象四腿直立，長鼻卷起，尾巴輕擺，正低首回視。象背上置長方形的搭披和元寶形的鞍，鞍上立一個葫蘆形的掐絲琺瑯寶瓶。鞍和搭披均用粉彩彩繪，色彩明麗，繪工精湛，鞍的木雕效果和搭披的織物質感達到可以亂真的程度。以各種祥瑞圖案和瓷塑形象來拼湊成四字吉語，在乾隆年間極為盛行。這件器物就是突出的代表：搭披上飾有螺（如意）、磬（吉慶），蝠（福樂）、海水山石（長壽）等圖案，合成「吉慶如意，福樂長壽」之意。「象」與「祥」、「瓶」與「平」諧音，寓「太平有祥」的吉意。

康熙時期，取消了機戶不得擁有織機百張以上的限制，提倡「有力者暢所欲為」，因而南京、蘇州等地紡織業

綢布店

機、原料分給小機戶，機戶再把原料分給染坊染色，交絡工絡絲，織成綢緞後送帳房成批出售，因此帳房成為組織機戶生產的大包商、大手工場主。杭州的絲織品，諸如絲錦、剪絨、綾、羅、紗，絹、綢，紵絲等品種，可謂應有盡有。松江早在明代就是著名的棉紡織中心，至清代，品種更加齊全，如扣布、稀布、飛花布、梭布、斜紋布、藥斑布、紫花布、剪絨毯等樣樣俱全。

迅速發展。到乾隆時，南京的緞機已有三萬台，它們一般都由一百三十二個零組件構成，所牽引的經線，一般都達到九千多根，多的甚至達到一‧七萬餘根。南京的緞子品種繁多，供宮中用的有花緞、錦緞、閃緞、裝花、暗花、五絲等等；供民間用的則有頭號、二號、三號、八絲、冒頭、靴素等等，遂享有「江綢貢緞之名甲天下」之美譽。南京還出現了一種進步的經營方式──帳房。帳房擁有大量的資金、織機和原料，它把織

陶瓷業不僅窯數增多，而且規模更大，分工更細，藝術品味更高。景德鎮素有「瓷都」之稱，乾隆時期更是「工匠來八方，器成天下走」。鎮裡四處轟鳴，時人稱其為「四時雷電鎮」。窯內分工更精：匠作有淘土、拉坯、印坯、旋坯、畫坯、抬坯、裝坯、春灰、合釉、上釉、滿掇、燒窯、開窯之別，而燒窯

百子嬰戲刺繡壁掛：清代刺繡在一些城市中出現了商品性生產的繡畫。此壁掛精工繡製一百個嬉戲的童子，穿插以樓閣亭臺、山石樹木。畫面色彩豔麗，場面宏大，是難得的珍品。

工又有三個工種，畫坯工也分畫工、染工；粉彩、琺瑯彩更臻完美，釉色有粉青、郎窯紅、松石綠、茄皮紫、蟹甲青等名目。景德鎮出產的瓷器，具有很高的藝術欣賞價值，行銷海內外。

　　礦冶業規模進一步擴大，開採和冶煉技術有了很大進步。到乾隆四十八年（一七八三年），全國採礦有三百一十三處（不包括偷採的在內）。其中雲南銅產，每年多達千餘萬斤，稱為滇銅，主要用於鑄錢。廣東鐵爐四起，高者一丈七八尺，爐後有兩扇門式鼓風設備，還用機車把礦石、焦炭飛擲入爐，每爐每晝夜可出鐵十二次，每次出鐵三百多斤。環大爐有三百多家人手，運礦石或產品，用牛二百頭，船五十艘。佛山鎮以冶鐵業迅速崛起，成為清代四大名鎮之一。

菊瓣形玉盤：直徑十七‧一公分，盤作菊瓣形，瓣綻三層，每層二十八瓣，由內向外逐層放大，內留空圈為圓花蕊。盤胎雕刻得很薄，係清代蘇州民間玉作坊仿痕都斯坦玉製品。

　　製鹽業也有很大的發展。四川的鹽井，在雍正八年（一七三〇年）增至五千九百三十九眼，而到乾隆二十三年（一七五八年）又發展到八千三百〇七眼，井深達幾十丈，甚至幾百丈，每個大鹽廠都有幾十萬兩白銀的資本。鹽廠的分工更加精細，有司井、司牛、司車、司篾、司梆、司槽、司潤、司鍋、司火、司飯、司草等各種不同性質的工種。

　　農業和手工業的發展，促進了商

清前期的十三行

業的發展。康熙時期，實行了一些「恤商」、「利商便民」的做法，促進了商業的發展繁榮。當時竟出現不少漂洋出海貿易的富商大賈，如天津的鄭爾端、蔣應科就是其中的代表。康熙二十五年（一六八六年），廣東出現「十三行」，專營中外貿易，時人屈大均的《竹枝詞》描寫了廣東十三行貿易之盛況：「洋船爭出是官商，十字門開向兩洋，五絲八絲廣緞好，銀錢堆滿十三行」。康熙中葉，徽商異常活躍，「起家至陶猗者不可指屈」。晉商也實力雄厚，康熙二十八年（一六八九年），康熙南巡途中曾說，「朕稱東南巨商大賈，號稱輻輳，今朕行曆吳越州郡，察其市肆，貿遷多係晉省之人」。乾隆時期，出現了經營匯兌、存款、信貸業務的票號，其中以山西人為最多，大的票號的分號竟遍布全國各地，具備雄厚的資金，甚至為官府解押錢糧、存支官款，貸給官款。除了票號商之外，還有鹽商和「廣東十三行」的行商，他們勾通官府，憑藉特權，壟斷經營，聚斂了巨額的財富。其中有一些人將聚斂的財富投入手工業生產，轉化為最初的工業資本。

北京前門商業區

雖然康乾盛世時期，社會經濟有了很大的發展，在個別部門甚至出現了資本主義的萌芽，但是統治者依然推行重農抑商的政策，對外又走向閉關鎖國，這嚴重地阻礙了經濟的發展，尤其是資本主義萌芽的成長，使清王朝逐步落在資本主義飛速發展的西方國家之後，最終陷於被動挨打的局面。

2、瑰麗的皇家園林

康乾盛世時期，國力鼎盛，所以建苑之風盛行。清代的宮殿、園林和寺廟建築盛極一時，在工程技術和建築藝術方面都達到了很高的水準。清代的皇家園林，重重殿閣，層層樓臺，萬千門戶，富麗堂皇。著名的皇家園林有在元、明兩代基礎上重新營建的三海（北海、中海和南海）、新建的承德避暑山莊以及「三山五園」（即香山靜宜園，玉泉山靜明園，萬壽山清漪園、圓明園以及暢春園）。

避暑山莊又名承德離宮或熱河行宮，位於河北省承德市中心北部，是清代皇帝夏天避暑和處理政務的場

水心榭：避暑山莊內的水心榭位於下湖與銀湖之間。橋上三榭具有濃郁的江南風格。榭下有八孔水閘，可以控制水位，使下湖水位高於銀湖，流水日夜不息，形成動人美景。

所。它始建於康熙四十二年（一七○三年），五年後初步建成。乾隆年間又進行了大規模的改造和擴建，前後耗時約九十年。與北京紫禁城相比，避暑山莊以樸素淡雅的山村野趣爲格調，取自然山水之本色，吸收江南、塞北之風光，成爲中國現存佔地最大的古代帝王富苑。

在避暑山莊東面和北面的山麓，分布著宏偉壯觀的寺廟群，這就是俗稱的「外八廟」，有溥仁寺、溥善寺、普樂寺、安遠廟、普寧寺、須彌福壽之廟、普陀宗乘之廟、殊像寺等十二座。因爲這十二座中有八座隸屬於清政府理藩院管理，並且都建在古北口外，故統稱「外八廟」（即口外八廟之意）。相沿成習，「外八廟」就成了這十二座廟宇的代稱。

這些廟宇如眾星捧月，環繞山莊，象徵民族團結和中央集權。外八廟以漢式宮殿建築爲基調，吸收了蒙、藏、維吾爾等民族建築藝術特徵，創造了多樣統一的寺廟建築風格，成爲民族團結、和合爲一家的象徵。

這十二座廟宇是從康熙五十二年到乾隆四十五年（一七一三～一七八○年）間陸續修建起來的，前後經歷了六十七年。其中除溥仁寺、溥善寺建於康熙年間，其餘十座寺廟均建於乾隆年間。清帝興建這些寺廟，是爲

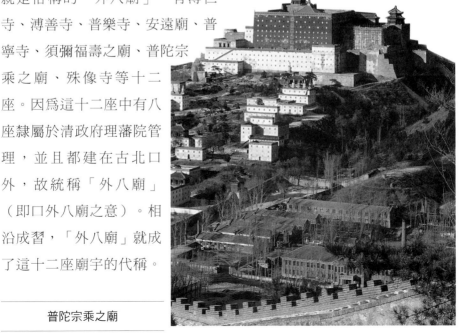

普陀宗乘之廟

了順應蒙、藏等少數民族信奉喇嘛教的習俗，「因其教而不易其俗」，通過顯示最高統治者的「深仁厚澤」，達到清王朝「合內外之心，成鞏固之業」的政治目的。從外觀上看，避暑山莊內建築，無論是莊嚴肅穆的皇家宮殿，還是遊玩欣賞的亭、軒、榭、閣，一律採用青磚灰瓦，顯示出古樸自然的風格，而周圍的「外八廟」，則採用彩色的琉璃瓦，有的甚至用鎦金魚鱗瓦覆頂，遠遠望去，巍峨壯觀，金碧輝煌，一派富麗堂皇的景象，與古樸典雅的避暑山莊形成了鮮明的對比，暗示清代帝王的良苦用心。

「外八廟」中的廟宇，都有其特定的歷史背景，記述著一些重大的歷史事件。如溥仁寺是外八廟中建造最早的廟宇，建於康熙五十二年（一七一三年），適逢康熙帝六十大壽，蒙古各部王公貴族前來祝壽時，「奏請」建立寺廟作慶壽盛會之所。康熙帝允其所請，在山莊外武列河東路建廟兩座，康熙帝題名為「溥仁寺」和「溥善寺」（現已荒廢）。溥仁寺採取漢族寺廟樣式，正殿名「慈雲普蔭」，內供迦葉、釋迦牟尼、彌勒三世佛，兩側有十八羅漢，後殿名「寶象長新」，內供九尊無量壽佛。

再如須彌福壽之廟，是乾隆帝特意為六世班禪修建的。乾隆四十六年（一七八一年），乾隆帝七十歲大壽，班禪額爾德尼六世為此準備長途跋涉到承德祝賀。於是乾隆帝便命人仿班禪的日喀則札什倫布寺，提前為班禪建造這座廟作為駐錫之所。這座廟自山腳順山勢向上延伸，氣勢雄偉。主體為三層高的大紅臺，中央是一座重簷大殿，名妙高莊嚴殿（俗稱金瓦殿），是廟中最大的殿，殿頂用鎏金銅瓦鋪蓋，四脊上有八條金龍。寺廟北端建有八角琉璃萬壽塔一座，塔高七層，塔頂覆以黃琉璃瓦，結構秀美，色調古雅，突破了全廟的空間輪廓線，豐富了建築群的藝術效果。六世班禪在這裡住了一個多月，在此為乾隆帝講經，並把從西藏至承德途中的每一個對乾隆帝的祈禱、祝福紀錄獻給乾隆帝，乾隆帝回敬禮物四十餘件，並題「寶地祥輪」匾額。此廟是藏漢建築藝術結合的典範。

平定三藩之亂後，清政府開始修建暢春園。該園坐落於海澱鎮之北，萬泉河潺潺的流水流經其側。園內水面寬闊，各式建築臨水而立，栽木蒔

外八廟遠景圖

花，飼禽養魚，環境清雅，生機盎然。暢春園建成後，成爲康熙帝遊樂和聽政的所在。可惜該園於咸豐十年（一八六○年）被英法聯軍焚毀了。

圓明園是圓明、萬春、長春三園的總稱，在「三山五園」中可謂首屈一指，原爲雍正帝繼位之前居住的「賜園」，康熙四十八年（一七○九年）開始修建，雍正、乾隆兩朝則繼續修建，歷時一百五十年才陸續建成。清王朝集無數能工巧匠，塡湖堆山，種植奇花異木，集國內外名勝四十景，建成大型建築物一百四十五處，園內收羅難以計數的藝術珍品和圖書文物。在這些建築中，除具有中國風格的庭院外，長春園內還有海晏堂、遠瀛觀等西洋風格的建築群。整座建築群體現了中國造園藝術的精華，被譽爲「萬園之園」。

咸豐十年（一八六○年），英法聯軍野蠻地焚毀了圓明園，火光沖天，三晝夜不熄。法國大文豪維克多·雨果對圓明園的藝術水準作出了高度的評價，並憤怒控訴了英、法的暴行，他說：「在世界的一隅，存在著人類的一大奇蹟，這個奇蹟就是圓明園。⋯⋯圓明園屬於幻想藝術。

圓明園大水法遺址：昔日乾隆皇帝觀看噴水的盛況已一去不返，留下的是毀於咸豐十年（一八六○年）英法炮火的大水法遺存物。這道歷史的冷風景，在用無聲的語言向子孫後代述說過去的恥辱與教訓。

圓明園中的歐式迷宮黃花陣（萬花陣）

一個近乎超人的民族所能幻想到的一切都彙集於圓明園。……這一奇蹟現已蕩然無存。有一天，兩個強盜闖進了圓明園。一個強盜大肆掠劫，另一個強盜縱火焚燒。……這兩個強盜，一個叫法蘭西，另一個叫英吉利。……」

頤和園坐落於北京西郊，在明代為皇室「好山園」，乾隆十六年（一七五一年），乾隆帝為其母慶賀六十大壽，大興土木，改建為「清漪園」，工程歷時十五年，耗銀四百五十萬兩方建成。咸豐十年（一八六〇年），此園也被英法聯軍焚毀。光緒十四年（一八八八年），慈禧太后挪

圓明園內的斷壁殘垣：被毀後的圓明園留下了一堆堆的焦土和殘磚斷瓦。世界上最輝煌的建築群從此消失了。

用海軍經費來重建，改名爲「頤和園」，二十一年（一八九五年）工程基本結束。二十六年（一九○○年），卻又遭到八國聯軍的破壞，二十九年（一八九三年）再進行修復，三十一年（一八九五年）全面竣工。頤和園佔地二百九十公頃，由萬壽山和昆明湖兩部分組成。前山有長廊、排雲殿、德和園大戲樓、佛香閣、智慧海等。後山蒼林修竹，有諧趣園等。湖上有清晏舫（石舫）、知春亭、十七孔橋、西堤等。頤和園建築結構精巧，別具風格。作爲大型皇家園林，頤和園是中國目前規模最大、保存得最完整的一座行宮御苑，集中體現了中國古代園林建築藝術的卓越成就。

頤和園：頤和園集中了中國古建築的精華，容納了不同地區的園林風格，堪稱園林建築博物館。

3、興盛的漢學

王夫之、顧炎武、黃宗羲,是中國十七世紀後半期社會進步思想的代表,被稱爲明末清初的三大思想家。三大思想家在政治上強烈批判存在了千百年的君主專制主義;在學術上講求經世致用,反對明末浮誇空談的風氣;在經濟上宣導均田,主張工商皆本。他們經世務實,治學嚴謹,勇於創新,闡發了深刻新穎的政治、哲學觀念,開創了與宋明理學截然不同的新思想、新學風。

脂玉蓮蓬形水丞:水丞是用來貯硯水的一種文房器具。脂玉採用透雕方法雕成蓮蓬形,玲瓏碧透,精巧可愛。

入清以後,由於統治者屢興文字獄,士大夫不敢再隨意談論時政與時事,而將學術興趣轉移到考據學,即名物訓詁方面。顧炎武、黃宗羲重視漢學的治學方法爲清初士大夫所繼承,考據古經、古義遂成爲清代的士林風尚。考據學主要是從文字音韻、名物訓詁、校勘輯佚等方面對經書(也包括其他古籍)的古義進行考證。由於該學派推崇漢儒,特別是許慎、鄭玄的治學作風,因此又被稱爲「漢學」。其學風崇尚樸實,反對虛浮,因此又被稱爲「樸學」。

清代閻若璩(一六三六～一七〇四年)和胡渭(一六三三～一七一四

年）以其學術成就，樹立了漢學的典範。胡渭精於經義，尤擅地輿之學，所著《禹貢錐指》、《易圖明辨》，在辨別古書真偽方面頗多貢獻。閻若璩歷經三十年的潛心研究，著《古文尚書疏證》，證明古文《尚書》乃東晉人偽造之書。閻、胡二人的學術，指引了清代士林的學術方向，自此之後，清代士人大都不再關心現實，學術乃是為考據而考據。到乾隆、嘉慶二朝，此種學風更是發揚光大，且形成一種主流性的學術派別，即所謂「乾嘉學派」。

《孟子字義疏證》書影

戴震像：戴震（一七二三～一七七七年），字東原，安徽休寧（今安徽屯溪）人。五十一歲時經紀昀等名學者推薦任《四庫全書》纂修官，校訂天算、地理諸書。戴震是乾嘉漢學中的傑出代表，乾嘉皖派的創始人，清代中期卓越的思想家、考據學家和自然科學家。他的著述涉及音韻、訓詁、哲學、倫理、天文、算學、地理、方志等多個方面。

乾嘉學派主要分為吳派和皖派兩大支。吳派以惠棟（一六九七～一七五七年）為首。惠棟是蘇州元和（今江蘇蘇州）人，著有《古文尚書考》、《九經古義》等書。其學風信家法而崇古訓，一切以漢代古文經學家的說法為準，故墨守成規，成就不是很大。皖派以戴震為首。他的學風既宗漢又疑古，認為漢儒也有穿鑿附會的地方，不可盲目追隨。應「由聲音文字以求訓詁，由訓詁以求義理，實事求是，不偏主一家」，因而師承繁衍，成就斐然。有清一代，該派知名的學者共有六十多人，他們視經學為根底，在小學（文字學）、音韻學、天算學、地理學、金石（考古）學、樂律學、典章

制度、目錄、版本、校勘和輯佚之學等方面皆有很深的造詣。

乾嘉學派的學者，紮紮實實整理了《易》、《書》、《詩》、《禮》、《春秋》等經書三百八十九種，二千七百多卷，還鑑別了一些古書的真偽，校勘了一些古籍的字、句，在文字學、音韻學的研究成就達到了空前的高度。他們校勘了秦、漢以前的諸子著作和西漢以後的許多要籍，還輯集了很多散失、佚亡的書。他們對古籍的大清理，為後人研究提供了更為有利的條件。

乾嘉學派由考經而考史，主張對於古史，也要「考信」、「徵實」，認為「盡信書則不如無書」。他們發揚求實的精神，做了大量的考證、整理古代史籍的工作。其傑出的代表有三人：錢大昕（一七二八～一八〇四年），著有《廿二史考異》，該書詳於校勘文字，解釋、訓詁名物，糾正史書謬誤；王鳴盛（一七二二～一七九六年），著有《十七史商榷》，該書詳於典章故實，尤其是官制、地理；趙翼，著有《廿二史劄記》，該書著重考訂正史中的歷代重大歷史事件。這三部書，被稱為清代歷史考據三大名著。

乾嘉學派的著名史家章學誠，著有《文史通義》，提出了「六經皆史」的觀點，意即六經都是古史，都是古代紀實之書，都是史料。章學誠認為「天地之間，凡涉著作之林，皆

金桂月掛屏：此屏以金錘打出奇秀的山石和高聳的桂樹，盛開的桂花掛滿枝頭。空中高懸一輪明月，朵朵白雲飄然而過，描繪了一派金秋美景。左上角嵌金字楷書「御製詠桂」詩一首。四周鑲以夔龍紋紫檀邊框。金掛屏精美典雅，製作精良，為錘鍱工藝的代表作。

是史學」，史分二類著作之學和史料之學。他在唐代史學家劉知幾強調的「才、學、識」史學三長的基礎上，首先強調史學家的「德」，即「著書人的心術要正直」。他認為古代的經典、方志、官府案牘、金石圖譜、歌謠言語、私家注疏，都有益於史實。章學誠反對為考證而考證，提出史學要切於世事和人倫日用，主張修史貴開創而不必拘泥於成法。章學誠特別重視方志的編撰，一生編撰或參與編撰了六部方志：《和州志》、《永清縣誌》、《亳州志》、《常德州志》、《荊州府志》和《湖北通

《文史通義》書影：章學誠（一七三八～一八〇一年），字實齋，浙江會稽（今紹興）人，清代著名史學家和思想家。其代表作《文史通義》標誌著中國古代史學理論在基本體系發展上的終結。章學誠認為史學可以經世，提出「史意」說法，其思想可概括為：一是明大道，二是主張通古今之變，三是重家學，四是貴獨創。章學誠是全面總結中國史學理論的最後一位傑出的古代史家。

志》，被譽為「方志之聖」。清代方志學大放異彩，乾隆以後修的方志，約有四千三百多種、七萬多卷。

藍釉描金粉彩開光轉心瓶：轉心瓶是乾隆官窯創製的特有瓶式，工藝極為複雜，在鏤空的瓶內套裝一個可以轉動的內瓶。此瓶底施湖綠釉，書青花「大清乾隆年製」六字篆書款。

4、小說創作的高峰期

中國古代小說起源於勞動。在勞動間隙，人們為了消遣所講述的故事，日久流傳就成為後世小說創作的源泉。如許多神話傳說為後世許多小說加以採擷和創新，《西遊記》、《聊齋志異》就採用了許多神話傳說，而《紅樓夢》則以女媧補天的神話故事開篇。清代之前，中國古代小說的發展，經歷了三個大的階段，上古到先秦兩漢，古代神話、寓言故事促使小說的醞釀萌生。魏晉南北朝時，小說初具規模，出現了情節、結構比較簡單的志怪、志人的筆記小說，代表作如干寶的《搜神記》、劉義慶的《世說新語》等。之後唐代傳奇、宋代話本、明代擬話本等相繼出現，使小說創作進入成熟時期。明代出現《三國演義》、《西遊記》、《金瓶梅》、《水滸傳》等傳世之作。

進入清代，中國古代小說創作達到了高峰時期。清初至乾隆末年（一六四四～一七九五年）期間，是小說創作的全盛時期，寫實小說成為主流，代表這個時期小說有《聊齋志異》、《儒林外史》和《紅樓夢》。

瀟湘館林黛玉撫琴

　　《聊齋志異》的作者蒲松齡（一六四〇～一七一五年），字留仙，山東淄川（今山東淄博）人，十九歲中秀才，此後屢試不第。《聊齋志異》是其「孤憤之書」，繼承了六朝志怪和唐代傳奇的優良傳統，筆法純熟簡練，情節曲折，形象生動，從多個側面深刻地反映了當時的社會現實。書中的〈促織〉、〈席方平〉、〈紅玉〉等篇，有力地揭露了官場腐敗，鞭撻了貪官酷吏和豪紳惡霸。在《聊齋志異》中，蒲松齡塑造了一批蔑視傳統禮教、大膽溫柔、美麗勇敢的女性狐仙鬼怪，透過這些女性與人相愛相戀的

故事，表達了追求婚姻自由，反對傳統禮教的進步思想。《聊齋志異》還描寫一些不學無術的試官和醜態百出的應試舉子，深刻地批判了腐朽的科舉制度，揭露了科舉制摧殘人性、禁錮思想的黑暗面。

　　《儒林外史》是一部傑出的諷刺小說。作者吳敬梓（一七〇一～一七五四年），字敏軒，一字文木，安徽全椒人。吳敬梓生於官宦之家，自幼聰穎，二十三歲考中秀才，此後屢試不第，家道亦敗落。他閱盡了世態炎涼，深深體會到了科舉之弊，

《聊齋志異》書影和插圖：《聊齋志異》是蒲松齡的代表作，在藝術上達到了文言小說的高峰。

劉姥姥醉臥怡紅院：《紅樓夢》中的劉姥姥是賈家的一門遠房親戚。作者通過她幾次進賈府的活動，既從側面鋪寫出了賈家的奢華，也反映了當時農村的社會狀況。

遂創作《儒林外史》。此書生動刻畫了一系列受科舉毒害和市儈風氣薰染的讀書人，如貪贓枉法的官僚、橫行鄉里的劣紳、附庸風雅的名士、招搖撞騙的清客、貪婪的守財奴等，一個個栩栩如生，展開了一幅幅廣闊的社會歷史圖卷。吳敬梓透過對儒林群醜的描寫，抨擊了科舉制度及其影響下的社會風氣，有力地揭露了政治的腐敗和文化道德的墮落，《儒林外史》由此成為中國古代諷刺文學的經典作品。

《紅樓夢》是中國古代最優秀的一部現實主義長篇小說。作者曹雪芹（約一七一六○～一七六三年），名霑，字夢阮，號雪芹、芹圃、芹溪，曹雪芹的先祖是漢人，後入了旗籍。曹雪芹的曾祖母孫氏是康熙帝的乳母，康熙二年（一六六三年），清政府始設「江寧織造」，曹雪芹曾祖父曹璽得此肥差，此後曹家飛黃騰達。整個康熙年間，曹家備受恩寵，長期擔任「江寧製造」。直至雍正五年（一七二七年），曹雪芹之父曹頫因皇室爭權奪利而被株連，革職抄家，家道急遽衰落。雍正六年（一七二八年），曹雪芹十三歲，全家遷回京城，從此，曹雪芹的生活異

常困頓艱辛。曹雪芹創作《紅樓夢》是在極端困苦的條件下進行的，「字字看來皆是血，十年辛苦不尋常」。這部巨著耗盡了他畢生的心血，全書尚未完稿，他就因愛子夭折悲傷過度而一病不起，「淚盡而逝」，終年還不到五十歲。

現今的一百二十回本《紅樓夢》，只有前八十回是曹雪芹親撰的，後四十回乃爲高鶚所續補。

《紅樓夢》是一部傳統社會的百科全書。這部作品抓住了當時重大的社會問題，表現出初步的民主主義思想傾向。全書以賈寶玉、林黛玉和薛

四美釣魚圖：四美釣魚圖描繪了《紅樓夢》中的探香、李紋、李綺和邢岫煙四位姑娘在塘邊釣魚嬉戲的情景。

寶釵三人爲中心的戀愛婚姻故事展開。賈寶玉和林黛玉厭讀「四書五經」，厭棄科舉，鄙視功名，追求個性自由，戀愛、婚姻自主。他們心心相印，情投意合，是一對思想、制度的叛逆者。薛寶釵卻相反，是典型的傳統淑女，她不但循規蹈矩，時時處處用傳統思想、倫理道德來要求自己，而且時常規勸寶玉多讀聖賢之

書，多和達官貴人結交，多講仕途經濟，以便日後博取功名富貴。在賈母、賈政和王夫人等人的摧殘壓迫下，賈、林二人真摯純潔的愛情被活活扼殺。黛玉抑鬱而死，賈寶玉雖然在他們的誘騙下和薛寶釵結了婚，但最終還是出家爲僧。

曹雪芹將寶、黛的愛情，置於以賈府爲中心的賈、王、史、薛四大家族，在由盛到衰的社會時代背景下，一方面歌頌了賈寶玉、林黛玉的叛逆精神和對美好愛情的勇敢追求；另一方面批判了賈母、賈政和王夫人爲代表的傳統禮教勢力摧殘生命、扼殺人性的罪行；也批判了貴族家庭腐朽糜爛、驕奢淫逸的生活，以及對勞動人民的殘酷剝削；揭露了吏治官官相護、草菅人命的黑暗和腐敗。

此外，這一時期著名的長篇小說還有《醒世姻緣傳》、《斬鬼傳》等，話本小說《醉醒石》、《照世杯》、《豆棚閒話》、《十二樓》等，也都不同程度地反映了現實生活。這個時期，雖然也有一些宣揚功名富貴、名教思想爲宗旨的才子佳人小說，和日益走向說教的話本小說，但只佔次要的地位。

嘉慶元年至道光二十年（一七九六～一八四○年）期間，脫離現實、宣揚名教和因果報應的作品大量出現，小說創作呈現委頓、沉悶的景象。但也出現了如《綠牡丹》、《雷峰塔傳奇》、《粉妝樓全傳》、《雙鳳奇緣》和《鏡花緣》等較好或有新意的作品，只是不佔主導地位，而且作品本身的思想性和藝術成就，也不及清朝前期的小說。在這些小說中，以《鏡花緣》最為優秀。

《鏡花緣》的作者是李汝珍（約一七六三～一八三○年），字松石，直隸大興人（今屬北京），只做過河南縣丞，但學識淵博。李汝珍在晚年創作了《鏡花緣》，計畫寫二百回，結果只完成了一百回。作者在書中描述了唐敖、多九公、林之洋等人遊歷海外諸國的見聞，通過對幻想的海外世界的描寫，來暴露和諷刺現實社會中的黑暗和不平，並寄託理想。《鏡花緣》最主要的特色是通過對一百多個才女的描寫，讚揚了婦女的才能，這是難能可貴的。

這一時期續《紅樓夢》成風，續作分兩類：一類接在《紅樓夢》第一百二十回之後，如《後紅樓夢》（逍遙子）、《續紅樓夢》（秦子忱）、《綺樓重夢》（蘭皋居士）、

怡紅院：怡紅院在賈府為元妃省親而建的大觀園中。後成為賈寶玉的住處，也是園中眾姐妹經常聚會之所。

雙玉讀曲：這是《紅樓夢》中寶玉和黛玉在花園中同讀《西廂記》的故事，選自頤和園長廊彩畫。

《紅樓復夢》（陳少海）等；另一類接在《紅樓夢》第九十七回之後，如《紅樓夢補》（歸鋤子）、《紅樓幻夢》（花月癡人）等。它們都是想要改變《紅樓夢》的悲劇精神，讓賈寶玉和林黛玉來一個大團圓結局。

這一時期歷史演義和英雄傳奇日見衰竭，但仍有《兒女英雄傳》、《說唐演義全傳》等佳作。此外還有打著《水滸傳》續作招牌的《蕩寇志》，立意與《水滸傳》正相反，使梁山泊的英雄非死即誅。

清末古典小說逐漸衰落，除產生《三俠五義》、《小五義》、《青樓夢》、《海上花列傳》等俠義和狹邪小說外，還出現了像《蕩寇志》那樣具有反動性的作品。隨著文學改良運動的蓬勃發展，揭露社會黑暗、強烈批判現實的譴責小說發展起來，李伯元（一八六七～一九〇六年）的《官場現形記》、吳趼人（一八六六～一九一〇年）的《二十年目睹之怪現狀》、劉鶚（一八五七～一九〇九年）的《老殘遊記》、曾樸（一八七一～一九三五年）的《孽海花》等作品，都是代表了晚清小說的最高成就。

總之，在清代文學領域中，小說最為輝煌。詩詞雖然也有所發展，並號稱「中興」，但成就不及小說。

5、戲曲的蓬勃發展

中國戲曲歷史悠久，源流眾多，元雜劇和明傳奇，標誌著中國戲曲已經達到了相當成熟的階段。清代的戲曲藝術在明代的基礎上有了進一步的發展，前期以崑曲最盛，代表崑曲最高成就的是，康熙時期洪昇的《長生殿》和孔尚任的《桃花扇》。

《長生殿》的作者洪昇（一六四五～一七○四年），是清代著名的戲曲家，字昉思，號稗畦，浙江錢塘（今浙江杭州）人，一生窮困潦倒，性格清狂孤傲。《長生殿》共五十齣，以唐朝安史之亂為背景，通過玄宗李隆基和他的妃子楊玉環間淒婉動人的故事，歌頌了生死不渝的愛情，同時又著力描寫他們的愛情帶給當時社會政治的消極影響，暴露了統治階級荒淫奢侈的生活和它所加於人民的深重災難。這是一部現實主義與浪漫主義相結合的優秀劇作。

《桃花扇》的作者

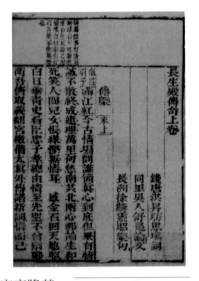

康熙刻本《長生殿》書影：《長生殿》在繼承明代傳奇創作中現實主義傳統的基礎上，部分吸收了《牡丹亭》等戲曲的浪漫主義手法，在思想上和藝術上都達到了清代戲曲創作的最高水準，與當時孔尚任創作的《桃花扇》堪稱中國古典戲曲的雙璧。

康熙刻本《桃花扇》書影：《桃花扇》脫稿後，風行一時。在康熙年間的劇壇上，北方孔尚任的《桃花扇》和南方洪昇的《長生殿》齊名，遙相呼應，被人稱為「南洪北孔」。

孔尚任（一六四八～一七一八年），字聘之，號東塘，又號雲亭山人，山東曲阜人，孔子第六十四代孫。《桃花扇》分上、下兩卷，共四十齣，以明末清初江南抗清和南明弘光政權興衰爲背景，描寫了一個秦淮歌伎李香君與復社文人侯方域戀愛的故事。書中將兩人的離合與弘光政權的興衰緊密結合在一起，寫出了當時人民的亡國之恨和弘光政權的腐朽，同時歌頌了愛國壯士寧死不屈的精神，以此來激勵民族氣節。此劇演出時，台下故臣遺老「掩袂獨坐」、「唏噓而散」，引起「亡家破國」的強烈共鳴。

在崑曲日益高雅化，成爲士大夫的消遣品的同時，卻日益脫離群眾，失去了生命力。清初北京已有弋陽腔與崑曲爭衡。乾隆年間，各地的地方戲異常活躍，據李斗所著的《揚州畫舫錄》記載：「（乾隆南巡時）兩淮鹽務，例蓄花、雅兩部，以備大戲。雅部即崑山腔。花部爲京腔、秦腔、弋陽腔、梆子腔、羅羅腔、二黃調，統謂之亂彈。」花部諸戲文詞通俗，故事生動，音調和諧，內容豐富，頗受當地群眾喜愛。而崑曲漸被冷落，據清朝文人記載，乾隆初年，戲院裡聲明演崑曲，觀眾竟轟然而散。

北京成爲北方戲曲中心，各種戲

「故宮大戲臺戲劇在清代宮廷文化中佔有一席之地。

班雲集京城，促進了京劇的形成。京劇的前身是徽劇，通稱皮黃戲（又叫二黃）。徽班，是以安徽籍（特別是安慶地區）藝人為主，兼唱二黃、崑曲、梆子、秦腔等腔的戲曲班社，開始多活動於皖、贛、江、浙諸省，尤其在揚州地區，更以「安慶色藝最優」。乾隆五十五年（一七九〇年），揚州「三慶」班被徵調進京，為乾隆帝祝壽，成了徽班進京的開始。此後，四喜、啓秀、霓翠、和春、春台等徽班相繼進京。六徽班在不斷地演出中，逐漸合併成三慶、四喜、春台、和春四大徽班。其中三慶

徽班進京圖

徽班進京後，很快地壓倒秦腔。秦腔班的演員有些加入徽班，徽班在微調的基礎上吸收了秦腔，在京師取得了主導地位。作為一個劇種的二黃調開始取代崑曲，獨尊劇壇，風行一時，成為京劇形成的最早萌芽。道光年間，湖北演員王洪貴、李六、余三勝等入京，使湖北的西皮調與安徽的二黃調第二次匯流。這樣，經過秦、徽與徽、

《打龍袍》中包拯的扮相：從色彩上說，京劇臉譜有紅、紫、黑、白、藍、綠、黃等色，這是從人物自然膚色的誇張描寫，發展為性格象徵的寓意用色。一般說來，紅色描繪人物的赤膽忠心；紫色象徵智勇剛義；黑色體現人物富有忠正耿直的高貴品格；水白色暗喻人物生性奸詐、手段狠毒的可憎面目；油白色則表現自負跋扈的性格；藍色喻意剛強勇猛；綠色勾畫出人物的俠骨義腸；黃色意示殘暴。京劇臉譜的用色雖分類型，但也不是絕對的，仍有很大靈活性。

擅長演出故事情節曲折的大軸子戲，四喜擅長唱曲子，和春的武戲令人叫絕，春台的孩子演員十分出色，真是爭奇鬥豔，各有絕活，因而深受北京觀眾歡迎。

曹操臉譜：《群英會》中的曹操臉譜像，勾「白色整臉」眼角畫出奸紋，表現出曹操的奸詐。

關羽臉譜：《水淹七軍》中關羽臉譜像，勾「紅色整臉」顯出其形象莊重威嚴。

漢兩次合流後，一個新的劇種——京劇正式產生了。與崑曲比較，京劇文字通俗，詞句不拘長短，聲調唱腔也較多樣化，富有感染力，其中又吸取了崑曲的精華、各種地方戲的腔調（主要是秦腔、西皮）和京調（皮黃）的優點，因此，它不僅在北京，而且在各地都大受歡迎。嘉慶、道光以後，無論是大河上下，還是嶺南塞北，無論是達官貴人，還是市民宵小，幾乎到處都可以聽到它的聲音，人人都能吟唱出它的曲調。清朝後期，京劇的劇碼、唱腔和表演藝術不斷革新，名家輩出，成爲在全國廣泛流傳的劇種。

此外，北方的山西梆子、豫劇等也非常流行。乾隆年間，豫劇曾到廣州去演出。在南方，由弋陽腔發展起來的贛劇，由皮黃發展起來的漢劇、湘劇、桂劇等都逐漸成熟，成爲獨立的劇種。

6、繪畫藝術的新時代

清代的繪畫藝術，既繼承了古代的技法又開拓創新，取得了可喜的成就。其中文人畫日益佔據畫壇主流，山水畫的創作及水墨寫意畫盛行。畫壇流派之多，前所未有。

清初，繪畫分爲兩大派。一派以明代遺老爲代表，有朱耷（八大山人）、髡殘、道濟（石濤）、蕭雲從（尺木）、傅山（青主）等人。其中朱耷、道濟工山水畫；蕭雲從工人物畫，曾爲《楚辭》作圖。該派畫家的作品多寄寓亡國之恨，表現出強烈的與清王朝對立的情緒。另一派以清初「六大家」爲代表，爲王時敏（煙客）、王鑑、王翠（石谷）、王原祁（麓台）（其四人又稱「清初四王」）和惲壽平（南田）、吳曆（漁山）諸人。「清初四王」承襲董其昌之畫風，缺少個人的特色。惲壽平工花卉，吳曆長於山水且受西洋畫風影響較大。康熙年間的「如意館」集中

《荷花水鳥圖》：朱耷是明太祖朱元璋第十七子甯獻王的後裔。他二十歲遭國破家亡之痛，故而其畫中流露出憤懣和鬱結不平之氣，筆墨間飽含著憂國的情感。在朱耷的筆下，荷葉把天地分開，形成兩半。樹蔭下歪斜的巨石搖搖欲墜，單足而立的小鳥乜斜而視。這裡所塑造的筆墨物像絕不是往常那種賞心悅目之玩物，而是一種心靈的震顫和激情的宣洩。

了這一派的畫家，他們爲清廷歌功頌德，粉飾太平，代表作如王原祁的《南巡圖》和《萬壽盛典》等。

清代中期，繪畫形成了京城北京和商業重鎮揚州等兩個中心。

北京是宮廷繪畫所在地，宮廷繪畫因皇室的扶持而活躍起來，畫家增多，地位也大大提高。乾隆時期，在清宮畫院內形成了實力雄厚的郎世寧（義大利人）新體畫集團，使清朝的宮廷畫形成了一種「中西合璧」的新穎繪畫風格。郎世寧創作了大量人物肖像、歷史紀實、走獸翎毛、花卉和靜物畫作品，存世之作近百幅。馬是中國歷代畫家描繪的傳統題材之一，繪畫史上畫馬高手迭出，而郎世寧畫馬卻別具一格。他融合中、西繪畫技法於一爐，運用中國的毛筆、紙絹和色彩，卻以歐洲的繪畫方法表現馬匹的立體感和皮毛的質感，使得筆下的

《百駒圖》（局部）：雍正六年（一七二八年）郎世寧完成了巨作《百駒圖》，堪稱其畫馬的代表之作。這幅長卷畫有一百匹駿馬，姿勢各異，或立、或奔、或跪、或臥，形象生動，立體感強，可謂寫盡駿馬百態；畫面的首尾各有牧者數人，控制著整個馬群，體現了一種人與自然的和諧關係。

馬匹形象造型準確、比例恰當、凹凸立體。中國古代畫家一般採用延綿道勁的線條來勾勒物像輪廓，而郎世寧以細密的短線，按照素描的畫法，來描繪馬匹的外形、皮毛的皺褶和皮毛下凸起的血管、筋腱，或者利用色澤的深淺，來表現馬匹的凹凸肌肉，與中國傳統繪畫中的馬匹形象迥然有別。在二百多年前的宮廷裡，這種別開生面的畫法受到了皇帝的喜愛，並影響到一部分中國宮廷畫家的畫風，而且這種中西合璧的畫馬技法還流傳至今。同時，在商品經濟發達的揚州

也掀起了一股新的藝術潮流，形成了以「揚州八怪」為代表的揚州畫派，並形成清中期畫壇南北風格的對峙。揚州八怪即鄭燮、羅聘、黃慎、李方膺、高翔、金農、李鱓、汪士慎等八人。他們直接受石濤的影響，反對因襲古人模擬古畫，主張流露真情，抒發個性，力求創新，各闢蹊徑。揚州八怪的作品大都具有較深刻的思想性、耐人尋味的筆墨情趣和清新狂放的藝術格調，在寫意花鳥畫和人物畫方面取得了較大成就。

鄭燮（一六九三～一七六五

年），「揚州八怪」中的代表人物，字克柔，號板橋，江蘇興化人。鄭板橋在詩、畫、書法等三方面造詣都很深，號稱「三絕」，形成了「真氣、真意、真趣」的特色。他尤其善畫墨

《十駿馬圖冊》（選二）：由法國天主教士王致誠所畫。他於乾隆三年（一七三八年）供奉內廷，善於畫馬，注重解剖，用筆工細，比例精確。

《嵩獻英芝圖》：郎世寧所作《嵩獻英芝圖》畫幅的左邊為坡石，一條急湍的溪流順勢而下。畫面正中是一只立於石上的白鷹，鷹目炯炯，利喙彎曲，鷹爪緊緊抓住石頭。光線從左側上方照射，白鷹剛好位於最顯眼的中央，明暗交織，立體感極強，似呼之欲出。畫面右邊是一棵彎曲盤繞的老松，一株藤蘿攀爬著松樹枝幹，凹凸玲瓏有致。松樹根部和石縫之間的靈芝，有厚度感。

竹和蘭花，筆墨勁秀，風致瀟灑，生機盎然，一掃清代畫壇仿古、擬古的庸俗畫風。鄭板橋作畫，功力皆來自於平時對自然的觀察，他曾經說過：「江館清秋，晨起看竹，煙光、日影、露氣皆浮動於疏枝密葉之間。胸中勃勃，遂有畫意。其實胸中之竹，

並不是眼中之竹也。因而磨墨、展紙、落筆,倏地變相,手中之竹,又不是胸中之竹也。」由此可以看出鄭板橋對客觀事物既能深入觀察,心領神會,又能以高超的繪畫技法將其自然的神韻表現出來。其品俊雅飄逸,其操守亦清高絕俗,他有一首題畫詩寫道「烏紗擲去不爲官,囊橐蕭蕭兩袖寒。寫取一枝清瘦竹,秋風江上做漁竿。」表露了絕棄仕途,忘然江湖,歸隱自然的願望。

　　清代後期列強入侵,畫壇也隨之發生了極大變化。形成了以新興商業城市爲中心的新技巧、新風格的新畫派。主要有以「三熊」(張熊、任熊、朱熊)、「四任」(任渭長、任阜長、任伯年、任預)爲代表的「海派」和廣東居廉、居巢、高劍父、高奇峰爲代表的嶺南畫派。

《墨竹圖》：鄭燮在《墨竹圖》中繪數杆墨竹，筆墨清奇，層次豐
富，如影隨形，颯颯有聲。圖中題字採用「六分半」書，以篆、隸體
結合行楷，縱橫錯落，瘦硬奇峭，別具風貌。

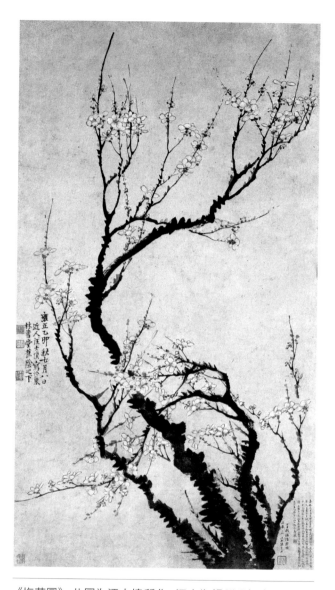

《梅花圖》:此圖為汪士慎所作,汪亦為揚州八怪之一。一生
貧窮,晚年又雙目失明,但他仍抱著達觀的處世態度,「知我
平生清苦癖,清愛梅花苦愛茶。」汪士慎最長於畫梅。《梅花
圖》繪一枝老梅主幹直貫畫面,瘦硬佝勁,濃墨點苔,寒風中
長梢彎成S形,枝條峭拔,綽條顯得奇雅俊逸。花朵採用揭補
之圈白法,花頭圓潤飽滿,清簡瀟灑,有清高絕俗的情調,正
是汪士慎「人與梅花一樣清」的人格寫照。

7、圖書的整理與編纂

中國歷史上編纂的大型類書或叢書，如三國時，魏文帝命王象等人編纂的《皇覽》；唐代的《藝文類聚》、《北堂書鈔》；宋代的《太平御覽》、《冊府元龜》；明代編成的《永樂大典》，輯書二萬二千九百多卷，共一萬一千〇九十五冊，規模空前。

《古今圖書集成》書影：《古今圖書集成》是我國現存最大的一部類書，被國外譽為「康熙百科全書」，其卷帙之浩繁，可謂居世界百科全書之冠。它的修成，對保存和整理中國古代的文獻資料具有重大意義。

大凡盛世，總要整理、編纂文化典籍，清代也不例外。康熙、雍正時期，清政府組織一批人員，纂成《古今圖書集成》一萬卷，是中國繼明代《永樂大典》之後又一部大型類書。

《古今圖書集成》內容分曆象、方輿、明倫、博物、理學、經濟等六編，下設三十二典，分六千一百〇九部。每部又有匯考、總論、圖表、列傳、藝文等類目。該書條理清楚，搜集廣泛而宏富，迄今為止仍為許多學者所重視。由於書中所輯資料下及清

金嵌珠立佛像

初，所以在很多方面都超越了前代的類書。比如，此書在記載明末清初西洋曆傳入中國、造圖製器等方面，皆勝往昔。此外，藝術類還吸收了西方的數學，如幾何、代數的公式，平面、立體的圖形等，均爲過去類書所不載。又由於《古今圖書集成》晚於《永樂大典》三百餘年，因此收錄了許多《永樂大典》所沒收錄的東西，如金、元人的遺文，明及清初的文獻等，爲後世提供了寶貴的資料。

清代最大的文化工程是修纂《四庫全書》。主持編寫該書的是著名的學者紀昀。他組織名士三百五十九人，任職於四庫館，自乾隆三十八至五十二年（一七七三～一七八七年），歷時十五年編成該書。此書共收書三千四百五十七種，七萬九千〇七十卷，存目六千七百六十六種、九萬三千五百五十一卷，裝訂爲三萬六千二百七十五冊，幾乎囊括了乾隆朝以前中國歷史上的主要典籍，是中國規模最大的一部叢書。書成之後，共繕寫七部，分別藏於北京皇宮內的文淵閣、圓明園的文源閣、瀋陽的文

紀曉嵐故居閱微草堂：閱微草堂門口的這棵紫藤蘿爲紀曉嵐當年所栽，至今仍滿目蔥蘢。

溯閣、承德避暑山莊的文津閣、揚州的文匯閣、鎮江的文宗閣和杭州的文瀾閣，另有副本一部藏於北京翰林院。該書編纂過程中，當時大批名流學者，如于敏中、金簡、紀昀、陸錫熊、任大椿、戴震、姚鼐、翁方綱、王念孫等，均參與纂修，並撰寫提要。

　　《四庫全書》分經、史、子、集四大類，各類又分出許多子目。《四庫全書》編成之後，紀昀等人又寫成《四庫全書總目提要》二百卷，將收錄的每本書的淵源、版本、主要內容作了提綱性的介紹，以方便利用《四庫全書》。

　　《四庫全書》內容豐富浩瀚，包羅宏大，爲中國古代思想文化遺產之總匯，被譽爲「傳統文化的總匯」、「古代典籍的淵藪」。

　　康熙、雍正和乾隆三朝以其繁榮的社會經濟和集大成的文化、藝術成就，鑄成了中國王朝最後一個盛世。但這盛世局面卻宛如落日之前瑰麗的黃昏景色，「夕陽無限好」，只是近黃昏了。

《四庫全書》書影:《四庫全書》對我國古典文獻的保存與流傳起到了積極作用,它打破了我國歷代私人藏書珍藏而不流通的陋習,同時,通過輯佚,使許多失傳已久的珍籍得以重新面世。因此,《四庫全書》的編訂,是中國學術文化史上規模空前的一項盛舉。

文淵閣:文淵閣位於紫禁城文華殿北面,乾隆三十九年(一七七四年)建成,閣為三層樓房,仿寧波天一閣規制,樓上通為一間,樓下分為六間。《四庫全書》曾經藏在這裡,以非常考究的楠木書箱盛裝,安置在書架上,後被國民黨政府運往臺灣,現藏於臺北故宮博物館。另外,文淵閣還存放過康熙時編纂的《古今圖書集成》和大量的古代文化典籍,至今仍有重要的使用價值。

在盛世之中,孕育滋長著巨大的社會危機,特別是隨著君主專制主義的加強,文字獄的迭興、科舉制度的流毒、吏治的腐敗以及閉關鎖國的影響,使得清王朝自乾隆後期很快地走向了下坡路。資本主義萌芽被扼殺、中外交流的大門被關閉、思想學術的生命力日見衰微,當世界資本主義凱歌行進時,清王朝卻日趨保守,於是在嘉道之際,形成龔自珍所描述的「萬馬齊喑究可哀」的局面,整個社會迅速走向衰退和腐朽。

第四章

盛世之中的隱患與危機

康乾盛世的出現，標誌著一個統一、繁榮、強盛的清帝國已經屹立在世界的東方，但隱患和危機也在其中悄然醞釀。乾隆帝雖有著足以誇耀後世的文治武功，但他放鬆吏治，致使奢靡貪污之風盛行；同時又好大喜功，窮兵黷武，勞民傷財。在乾隆朝歲入增加的背後，是捐輸、商人報效、鹽斤加價甚至賣官鬻爵等非正常的收入來源，這對國家和社會而言，無異於飲鴆止渴。自乾隆末期起，社會各個方面潛伏著的危機陸續浮出水面。清帝國走上了一條盛極而衰之路，並被同時期的西方諸國逐漸拋在後面了。

1、奢侈腐敗之風盛行

清王朝何以急劇衰落？根本原因之一是整個官僚機構乃至整個社會，在封閉自大的環境下奢侈腐敗。

康熙晚年，奢侈之風已經興起，後來經過雍正朝的厲行節約和銳意改革而有所遏制。但到乾隆時，隨著經濟繁榮和財力充裕，奢靡腐敗之風重新抬頭，並愈來愈甚。乾隆帝好大喜功，為粉飾太平，不惜靡費巨金，舉辦各種慶典。慶祝皇太后六十大壽時，從西華門至西直門，沿街十餘里搭設彩棚，每數十步建一戲臺，懸燈結彩，鼓樂喧天。廣東進獻的翡翠亭，佔地二、三丈，屋瓦皆以孔雀尾為之。鑄一套編鐘，耗費一・三五萬兩黃金。乾隆帝六巡江南，遊山玩水，沿途接駕送駕、進貢上奉、大興土木，豪華與排場空前，靡費特甚。上行下效，大小官吏借接駕和其他機會，極盡奢華之能事。他們為了講排場、比闊氣，竭力攤捐派差，從中貪汙受賄、敲詐勒索。由此貪賄公行，吏治日廢，奢侈淫靡、貪贓枉法、腐

乾隆帝南巡圖

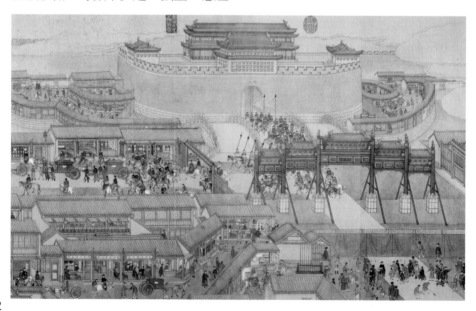

化墮落的歪風邪氣愈演愈烈;而奉公守法、勤儉節約、清正廉明的正氣反而日益孤立。自皇帝而下,無論王公貴族、文武百官、大地主、大商人,皆過著燈紅酒綠、紙醉金迷的生活,尤其是滿族親貴,沾染的奢靡習氣最為嚴重。滿人阿克當阿任淮安關監督十餘年,搜刮的民脂民膏不計其數,豪富無敵,人稱「阿財神」。漢族官宦豪族的奢華情形也大同小異,嘉慶朝的湖南布政使鄭源壽,外養兩個戲班,爭奇鬥巧,晝夜不息。湖廣總督畢沅死後,陪葬珍寶多達二百多件,其中串朝珠就用了一百○八顆翡翠、五顆紅寶石、四顆大珍珠。

統治階級生活奢靡,往往相伴隨的是權力機構中普遍地貪贓枉法和腐敗黑暗。雍正時期曾經銳意改革積弊,實行「耗羨歸公」、推行「養廉銀」,藉此整頓吏治,並以鐵的手腕打擊貪汙、追贓索賠,使貪汙腐敗之風一時有所收斂。但到乾隆時,官僚機構漸趨膨脹老化,行政運轉日益低效,朝野上下賄賂公行,貪汙成風。乾隆中後期,連連發生貪汙腐敗的大

案、要案。其中巨貪和珅，在乾隆帝庇護下當政二十多年，搜刮的私財不計其數。嘉慶帝抄沒其家產共編成一百〇三號，其中二十六號折合白銀竟達二億兩，是當時清政府財政歲入的好幾倍。時有民謠稱：「和珅跌倒，嘉慶吃飽」。

對於清朝吏治的敗壞，捐納制度實際起了推波助瀾作用。捐納最初是為了解決河工、災荒、軍需資金不足而實行的捐錢買官的臨時性措施，順治六年（一六四九年）首開此例，僅限於虛銜，而不授實職。康熙十三年（一六七四年），因平定三藩，軍需驟增，國庫空虛，於是大開捐納，明標價碼賣官鬻爵。三年之中，竟有五百多人買到知縣這一實職。清朝中期以後，捐納形成定制，捐納之銀成為國庫的經常性收入。乾隆十五年（一七五〇年），捐納銀兩竟達五百五十多萬兩。而且通過捐納可以買到實職，這些出錢買官的人上任之後，自然瘋狂搜刮民財。時謠唱道「貪不貪，一任官，雪花銀子三萬三」，「三年清知府，十萬雪花銀」，大小官吏上任之時大多兩手空空，離任返鄉則車拉船載，浩浩蕩

恭王府花園詩畫舫

蕩。吏治之敗壞，無有甚於此者。

官場腐敗至此，乾隆帝卻一味裝聾作啞，粉飾太平，拒聽勸諫。乾隆五十五年（一七九〇年）禮部侍郎尹壯圖上疏，指出全國吏治之壞，勸諫乾隆帝著手整頓。乾隆帝看後大怒，竟以「挾詐欺公，妄生異議」罪判「斬立決」，後為避免成全尹壯圖忠諫美名，才免去死罪，給予降職處分。從此大、小官吏因循苟且，讒上欺下，致使朝綱不振，效率低下，百務廢弛。軍機大臣曹振鏞歷經乾隆、嘉慶、道光三朝，位極人臣，自陳其為官之道就是「多磕頭，少說話」。清朝中後期就是由這些人來治理國家，其後果可想而知。

腐敗導致軍事懈怠和武備廢弛。八旗兵入關時所向披靡，戰功赫赫，為底定中原和統一全國立下了豐功偉績。但到了乾隆後期，八旗兵由於開國已久，人習安逸，疏於訓練，戰鬥力已經大為削弱。朝廷一有戰事，主要得依靠綠營兵。但綠營兵在腐敗的社會大環境下也很快地腐化，為官的剋扣軍餉，貪汙中飽，弊端叢生，軍隊作戰力迅速下降。由於八旗和綠營均因腐敗而退化，喪失戰鬥力，到白

恭王府花園：恭王府在北京西城前海西街，佔地三萬三千八百平方公尺，分中、東、西三路，由多進四合院組成。恭王府原為乾隆年間大學士和珅的府第，嘉慶四年（一七九九年）和珅獲罪，宅第入官。嘉慶皇帝將其中一部分賜予胞弟慶親王，名慶王府。後來咸豐皇帝又將其轉賜其弟恭親王，更名為恭王府。恭王府及其花園規模宏大，富麗堂皇，曲折幽深。

蓮教起義時，清朝不得不利用鄉勇和團練進行鎮壓。

官僚統治機構奢靡腐敗必然後果，就是強化對小民百姓的壓榨和剝削，致使廣大民眾的生活日益貧困。官僚、貴族、地主、富商大量兼併土地，失地、無地的農民越來越多，還有大量的農民因無法忍受橫徵暴斂而

棄田逃亡，失去生計，四處流浪。社會上流民數量急劇增加，社會不穩定因素日益增加，矛盾日益尖銳，一場社會大風暴正在醞釀中。

內鄉縣衙：位於今河南南陽市內鄉縣城，是目前保存最完整的封建時代縣級官署衙門。縣衙始建於元代，其後屢經擴建，又屢遭戰火。光緒年間，章炳燾知內鄉縣事，將縣衙建成了現有的規模，佔地二萬多平方公尺，有房屋二百餘間。圖為縣衙的二堂（位於大堂後面），是知縣預審案件和退堂休息的地方。正面木格扇，上懸「琴治堂」。取《呂氏春秋》宓子踐鳴琴理訟的典故。意在警示知縣要知人善任，力求做到政簡刑輕。

金嵌珠「金甌永固」杯：高十二·五公分，口徑八公分，其飾繁複華麗，工藝極其精湛。

2、民生艱難困苦

龔自珍曾對清代中後期的社會狀況做了深入、形象的描寫：「自乾隆末年以來，官吏士民，狼艱狙蹶，不士不農不工不商之人，十將五六⋯⋯。自京師始，概乎四方，大抵富戶變貧戶，貧戶變餓者。四民之首，奔走下賤。各省大局，岌岌乎皆不可以支月日，奚暇問年歲！」這種情況有著深刻的社會根源。

過速的人口增長，成為嚴重的社會問題。康熙時期實行「盛世滋丁，永不加賦」的賦稅政策，雍正時期，實行「攤丁入畝」。這一方面廢除了人頭稅，減輕了無地或少地農民的負擔，降低了人身依附關係，促進了農業、手工業、商業的發展；但另一方面，造成人口迅速增長，給社會發展帶來了沉重的壓力。康熙初年，全國登記在冊的人口數目，不過二千多萬（因為隱瞞人口，實際數目可能會稍多些），乾隆二十九年（一七六四年），全國人口約為二億，嘉慶十七年（一八一二年）增至三‧三三億人，到道光十五年（一八三五年）時竟達四億多人，人口增長速度越來越快，但耕地面積卻不可能成倍增長。

嘉慶年間全國人均耕地二畝多，道光年間已下降到不足二畝。這也造成流民日益增多，加劇了社會的動盪不安。

自乾隆中期以後，土地兼併日趨劇烈，地主階級佔有大量土地，農民則很少或完全沒有土地，導致社會矛盾日趨尖銳。如乾隆四十九年

大清戶部官票‧壹兩：戶部官票又稱銀票，它是以銀兩為單位的紙幣，面值有一兩、三兩、五兩、十兩、五十兩之分。

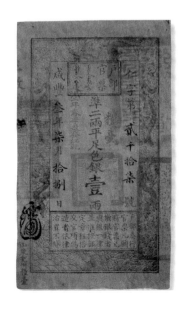

先農壇祭祀圖：先農壇在北京正陽門外西南，建於明嘉靖年間，是皇帝祭祀神農的地方。神農是古代傳說中最先教人耕種的人。每年春，皇帝要親率眾臣到先農壇行耕藉禮，以祈求豐年。圖為清雍正帝在先農壇祭祀神農圖。

（一七八四年），直隸全省耕地面積為六十七萬七千八百〇六頃，而懷柔縣大地主郝氏，竟佔有「膏腴萬頃」，為全省耕地的百分之一‧五；乾隆、嘉慶之際，大學士和珅佔據良田八千餘頃，嘉慶朝的巡撫百齡，一人佔有良田五千頃。至於全國範圍內佔地幾千畝的地主，為數就更多了。土地大量集中，使得大批農民失去土地，淪為佃農或流民。乾隆時，湖南巡撫楊錫紱說「近日田之歸於富戶者，大約十之五六；舊時有田之人，今俱為佃耕之戶」。隨著土地的集中，地主對農民的剝削愈加沉重，當時的地租率有的竟高達產量的百分之五十以上。農民日益貧困，過著牛馬奴隸般的生活，因此，農民與地主之間的矛盾趨於尖銳，社會更加動盪不安。

乾隆中後期，苛捐雜稅日益增多，極大地挫傷了農民生產的積極性，助長了貪汙腐敗之風，加劇了社會矛盾。清朝在正賦上的加派有「火耗」、「鼠耗」、「雀耗」，這些損耗由百姓以額外的錢糧補上，但是這些補繳的「耗羨」，幾乎全部被地方

官吏私分。此項制度最為擾民，雍正時期實行「耗羨歸公」，但只是禁止官吏私分，並未取消「耗羨」，百姓負擔並未減輕。雜稅上的加派，更是花樣翻新，乾隆時期除了正賦（指田賦）以外，還有鹽課、關稅、雜賦幾項。其中雜賦包括漁稅、牙稅、當稅、契稅、落地稅等名目。鹽課之外，一旦朝廷有慶典或軍事活動，就指令鹽商「報效」。乾隆時，全國鹽稅高達五百萬兩，而兩淮鹽商一次「報效」竟達數百萬兩，這些負擔最終還是轉嫁到平民頭上。關稅徵收時，官員橫加攤派。落地稅即商品稅，更無準則，無定時、定點、定額，全憑長官意志決定，同一貨物在市場上甚至被反復徵稅。就稅收總量而言，乾隆三十六年（一七七一年），稅收為四千三百五十多萬兩，比順治末年多收一千七百九十多萬兩。嘉慶、道光年間，苛捐雜稅更是苛繁，一方面官府橫徵暴斂；另一方面，享有免稅特權者持續增加。上自官僚縉紳，下至舉貢生監，甚至書吏、門斗、兵丁、差役一切在官人等，皆有免稅之優待，結果導致「免差之地愈多，則應差之地欲少，地愈少則出錢愈增，以致力作之農民，每地一畝，出錢二三四百文不等。較之正賦，每畝徵銀一錢上下者，多逾倍蓰，以致流弊日增」。如此苛捐雜

華麗的四合院垂花門：清代中晚期，貧富差距進一步擴大。豪門富戶的深宅大院、雕樑畫棟，與平民百姓難遮風雨的茅屋草舍形成了鮮明的對比。

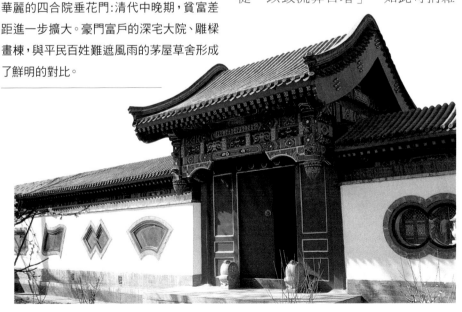

稅，自乾隆朝以來，愈加厲害，困農病商，嚴重危害了社會的正常發展。

民不聊生，遂鋌而走險。乾隆朝中期以後，農民起義次數越來越多，規模越來越大，加劇了社會的動盪不安。乾隆三十九年（一七七四年），山東王倫領導的農民起義便是清王朝開始衰落的信號。乾隆五十一年（一七八六年），臺灣爆發林爽文領導的起義，清政府歷時一年多才鎮壓下去，清朝的統治每況愈下。乾隆六十年（一七九五年），湖南、貴州等地爆發了苗民大起義，直到嘉慶元年（一七九六年），才被鎮壓下去。

嘉慶元年四月，一場歷時九年，席捲湖北、四川等五省的白蓮教起義爆發，清朝調動十六個省的兵力，耗銀二億兩才勉強將起義撲滅。白蓮教起義剝開了清王朝繁榮昇平的盛世外衣，暴露了其腐朽和虛弱的本質，成爲清王朝由盛轉衰的轉捩點。從此，清王朝就陷入武力削弱、財政奇絀的困境，逐漸墮入了沒落的深淵。

蘇州繁忙的懷胥橋商市

3、思想禁錮

中國歷代王朝中，清朝專制集權空前加強，思想箝制空前強化，這主要表現在以下幾個方面。

統治者宣導以理學治國，對於與理學相悖的「異端邪說」，尤其是對疑有反清意識的隻言片語，動輒羅織文網，迭興文字獄。順治朝就有文字獄，康熙、雍正、乾隆三朝，見於記載的文字獄有八十餘起，而僅乾隆帝在位之時，竟有七十餘次。文字獄固然有利於加強思想統治，但也嚴重地窒息了文化和學術，使思想界、學術界噤若寒蟬，循規蹈矩，喪失了生機活力。

文字獄使得大量的讀書人不敢過問時事與實學，轉而埋頭於故紙堆，進行繁瑣地考證，乾嘉之際，形成了一個以考據為主的學

「大禹治水圖」玉山：乾隆五十三年（一七八八年）雕成，歷時十年。此器題材具有重要性及歷史性，且造型雄偉，氣勢磅礴，為迄今所見惟一一件重達萬斤的玉器，在琢玉史上佔有重要的地位，堪稱國寶。

派，稱「漢學」或「樸學」。漢學的成就已於前述，但其弊也不少，尤其是漢學的末流。其一弊在於崇古、泥古，崇信漢儒，聲言凡西漢以下之書皆不讀，愈古愈好，以古作為衡量一切的尺度。其二弊在門戶之見與家法之爭，今古文經學門戶之見日熾，經生惟「師法」或「家法」是宗，述而不作，不敢越雷池一步，因循保守，學風日趨僵化。三弊在繁瑣空疏，不少讀書人皓首窮經，畢生致力於片言之語的瑣屑的考據之中，雖也有成果，然大多流於空疏無用。結果導致儒學於清代讀書人而言，既不能經世，又難以致用，蛻變成複誦的教條，思想的桎梏。

龍紋銅合符：合符為皇宮和都城夜間特殊的放行證件，由陰陽兩片組成。合符表面有二龍戲珠的圖案，周圍飾以祥雲。

清朝廷襲明制，實行八股取士。明自洪武三年（一三七〇年）開始設科取士，考試以八股文為主，內容以「四書」為據，代聖賢立言。考生不得自出新意，只要「依經按傳」，依樣畫葫蘆，博得考官的青睞即可中試。這種考試制度為清朝沿襲，一直延續到清朝末年。八股取士的科舉制度，嚴重地束縛士人的思想，驅使

「大金榜」：清朝用於公布殿試結果的大金榜，張貼在皇宮門外。殿試是科舉中最高級別的考試。

士人把全部精力用於背誦「四書五經」、寫八股、揣摩試題、背誦時文選本、模仿中試範文上面，而無暇博覽群書，更不務追求新知了。科舉內容毫不涉及自然科學與技術的學問，嚴重地阻斷了廣大士人對自然科學與技術的學習，更談不上創新與發明了。明、清兩代沒有像歐洲那樣發生產業革命，一個極為重要的原因便是科舉制排斥了自然科學。

　為誇示文治、兼行書禁，清統治者大力搜求藏書，編輯整理古籍。乾隆時編成《四庫全書》，對於保存古籍和傳播文化具有重大意義。但其弊端仍存：有的古籍未盡收入；有的古籍內容根據統治階級的需要被刪改，文字被篡改；有的字故意寫錯而等乾隆帝御覽時指摘以顯示其高明，但拍馬之舉往往弄巧成拙，以致乾隆帝未改而錯字散布於書中。而最糟的是，乾隆帝下令查禁、銷毀大量有損於其統治教化的書籍，以致毀掉的書籍有三千餘種，達六、七萬卷以上，幾乎與《四庫全書》收書的總數相等，使文化典籍遭受空前的浩劫。

貢院：貢院是清代舉行鄉試、會試的場所，通常建於城內東南方，圖為現存南京的江南貢院。

4、閉關鎖國

清朝初年，一度開放沿海地區，允許人民出海貿易。自鄭成功等抗清力量將臺灣及沿海地帶作爲活動地區以來，清政府爲斷絕沿海居民同反清力量的聯繫，頒布《遷海令》，強拆民房、焚船隻，驅趕居民遷至遠離海邊的內陸，禁止出海捕魚經商，致使沿海一片蕭條。順治中期以後，山東、江蘇、浙江、福建、廣東等省的數千里海疆被封，社會經濟發展受到嚴重影響。收復臺灣後，適應國內經濟發展和對外貿易的需要，康熙二十三年（一六八四年），清政府開放海禁，允許居民回遷原籍從事漁業，並允許廣東、福建一帶居民出海貿易；同時開放外國人在中國設館通商，並設廣州、寧波、廈門、松江等四處海關，作爲管理對外貿易、徵收關稅的機構。一度促進了中外貿易和交往，便民富國，兩相得益。

自開放海禁之後，每年造船出海貿易者，多至千餘，回來者不過十之五、六，不少人留居南洋。清政府因而擔心「數千人聚集海上，不可不加意防範」；並認爲南洋各國歷來是

綠玻璃渣斗：渣斗由墨綠色透明玻璃製成，敞口、束頸、鼓腹、圈足，頸及腹部磨有連續的六角菱形連鎖裝飾。整個器物造型優雅美觀，製作技術精良，是清宮玻璃極盛時期的產品。

「海賊之淵藪」，於康熙五十六年（一七一七年）復行南洋海禁，嚴禁與南洋往來貿易，嚴令沿海炮臺攔截前往船隻，水師各營巡查。南洋海禁之後，本來一度繁榮的對外貿易又復委頓。沿海經濟日趨蕭條，四、五千金建造的大船，任其朽蠹於斷港荒岸之間。不少沿海居民生活無著，被迫逃亡海上，或鋌而走險，「或爲犯亂」。爲此，一些地方士紳官員

和朝廷大臣又奏請開禁。雍正五年（一七二七年），清政府再開放南洋海禁，同時限令出洋貿易之人三年內回國，否則不許回籍。

但是這一開放的政策卻漸漸被「閉關鎖國」的政策所取代，原因何在？

從直接原因來看，康熙後期，一些傳教士秉承羅馬教廷意旨，在傳教活動中，干涉中國風俗、文化甚至朝廷事務，受到當地民眾強烈的排斥，並引起了統治者的不滿，由此對傳教愈禁愈嚴。康熙四十三年（一七〇四年），教皇克列門十一世決斷：「中國教徒祭天、祭祖、祭孔，實屬異端，應予禁止。」並派鐸羅攜教旨到中國。康熙帝傳諭：「慎無擾亂中國」，來華西人必須「謹守法度」，勸鐸羅返回。而鐸羅行抵南京，竟然擅自公布教皇諭令，要求傳教士和中國教徒「一體遵照勿違」，不服從者開除出教。康熙帝得知後極為

故宮保和殿：故宮三大殿之一。清代每年除夕、正月十五，皇帝賜外藩、王公及一二品大臣宴，賜額駙之父、有官職家屬宴及每科殿試等均於保和殿舉行。順治三年至十三年(一六四六～一六五六年)，順治帝曾居住保和殿，時稱「位育宮」，大婚也在此舉行。康熙帝自即位至八年(一六六二～一六六九年)也居保和殿，時稱「清寧宮」。

震怒，將鐸羅逮捕，押送到澳門。此後，教皇或傳教士干涉中國內政的事情時有發生。雍正時期，傳教士穆經遠曾密謀協助皇九子允禟反對雍正帝，雍正帝因而下令嚴禁傳教士的活動。乾隆七年（一七四二年），羅馬教皇本尼狄克十四世重申敕令，規定中國天主教徒不能舉行祭祀祖先的儀式，這引起乾隆帝的日益不滿。乾隆後期，清政府下令永遠禁教。

清政府由禁止傳教，進而限制外商一口通商，實行商業交往上的閉關政策。乾隆二十二年（一七五七年），關閉寧波港，僅限廣州一口通商貿易。在乾隆中後期，閉關政策日趨嚴格。而一些偶發的事件也起了推波助瀾的作用，典型的如洪任

青花黃地纏枝九桃紋盤：該盤以黃釉為地，盤心飾有九只壽桃的青花文飾，色彩明麗雅致。盤外壁飾纏枝牽牛花，底部正中有「大清乾隆年製」青花篆書款。這種盤是經過兩次燒造製成的，工藝較為複雜，首先要先經過高溫燒成白釉青花器，然後再施黃釉，二次燒成。

碧玉龍鳳花插

哈爾濱東正教堂：東正教是基督教
三大派別之一。雍正五年(一七二七
年)中俄簽訂《恰克圖條約》，與俄
國通商後，東正教教士便從恰克
圖這個邊城開始進入中國
東北邊區傳教。東正教
堂坐落在哈爾濱市區
內，整座教堂為拜
佔庭式建築，中央一
座主體建築有個標
準的大穹窿，紅碑結
構，巍峨寬敞。

輝事件。乾隆二十四年（一七五九年），洪任輝違禁赴寧波貿易，被浙江官員禁止，遂引起訴訟。乾隆帝認為此事涉及國體，「務須徹底根究，以彰天朝憲典」。然而經清政府官員會審之後，洪任輝敗訴，由他上書所表達的英國東印度公司欲擴大通商，希望中國方面整肅海關吏治，規範稅收的意圖也就落空。此事反而令乾隆帝以為內地有奸民與外商勾結，滋生事端，於是繼續追查，將一批與洪任輝有著正常商業關係的中國人也治了罪，甚至處死了替洪任輝寫呈詞的人。此後，乾隆帝多次下諭嚴格通商

規則，並進一步嚴格閉關政策，禁止外商和中國人的正常交往，嚴禁外商赴寧波貿易，把防止外人滋事、鞏固海防放在首位考慮，使中國在急劇變動發展的世界潮流中更加封閉和孤立。

而「閉關鎖國」政策的根源，在於中國自給自足的小農經濟制度和文化心理上的優越感。中國是個人口眾

三希堂：三希堂位於故宮西路養心殿內，其內陳設了大量的文房雅玩。這裡因收藏有被乾隆帝稱為「三希」的王羲之〈快雪時晴帖〉、王獻之〈中秋帖〉、王珣〈伯遠帖〉等三件書法珍品而得名。

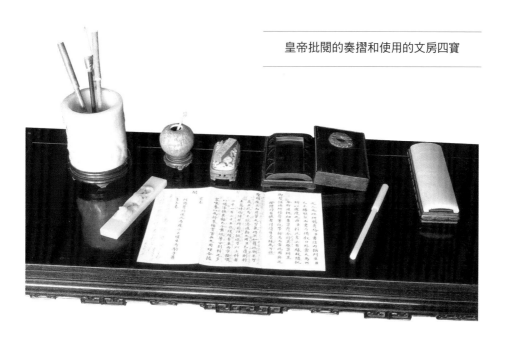

皇帝批閱的奏摺和使用的文房四寶

多的農業大國，是亞洲最大的國家，各地物產豐富，可以互通有無。加上幾千年傳統，如重農抑商政策的影響，使統治者完全滿足於自給自足的生活，不需要和外國通商。而中國一以貫之並在原有基礎上不斷開拓創新的燦爛文化，強有力的中央集權制國家，使中國長期處於宗主國的地位，同周邊國家的關係基本上是藩屬關係，形成了「中國中心」的外交觀。這使得清政府統治者多把外國看成是「蠻夷之邦」，落後於自己而有求於中國，來中國是爲了朝貢、祝壽、獻禮，然後求得中國的恩賜。正是這種心理，使清朝統治者閉目塞聽，昧於世界大勢，盲目自大，從而導致了整個王朝在世界座標上漸漸失落了自己的位置，最終被歐洲列強破門而入，陷於被動挨打的局面。

就社會各個層面的危機而言，閉關鎖國而造成的與世隔絕，使中國再次失去了一個機遇，一個由於西方國家進入資本主義、傳教士東來，以及康熙時開放海禁而出現與歐洲先進國家進行貿易、通商和文化交流的良好機遇。結果外失資國富民之源，內不能吐故納新，便只有走向衰落腐朽，而這是更爲致命的危機。

天朝上國的盛世

———— 專題 ————

八旗的興衰

八旗制度建立於滿洲入關以前。隨著努爾哈赤統一女真各部及建立後金政權後，逐步形成了八旗組織。八旗組織有軍事、行政、生產等三方面職能，「以旗統兵、以旗統人」，把原來相對分散的女真人組織起來，「出則為兵，入則為民」，紀律嚴格，使女真人作戰力加強，社會生產力大大地提高，迅速促進了女真社會的發展。在皇太極時期，又形成了漢軍八旗和蒙古八旗。正是依靠著八旗勁旅，清政府得以攻入中原，奪取了最高統治權。入關之後，在「首崇滿洲」（或稱「滿洲根本」）的基本國策下，八旗制度得到強化，成為單純的軍事組織，形成了駐京八旗和駐防八旗。有清一代，八旗勁旅在維護地方治安，痛擊沙俄、收復雅克薩城等抵抗外來侵略，成為維護清王朝統治的強大支柱。

滿‧蒙‧漢八旗的形成

　　女真族人一般按自然村居住，滿語稱自然村為「嘎山」，這是女真社會的基層單位。女真人早在原始社會氏族制度時期，就存在著一種叫「牛錄」的組織。出獵或行軍時，參加者每人持一套弓箭，按族寨「嘎山」結合，十人為一「牛錄」，其中一人為首領，稱「牛錄額真」（牛錄是箭的意思，額真是主的意思）。「牛錄」作為一種臨時的組織，出行則合，歸寨則散。這既是當時女真部落渙散條件下的產物，又反過來延續了女真族的分裂。

　　在統一女真各部的軍事行動中，努爾哈赤把不斷合併的諸申、伊爾根

編入「牛錄」，並把它加以擴大。規定三百人為一牛錄，每一牛錄設置一名牛錄額真，下面配置代子二人作為副手。五個牛錄組成一「甲喇」，設一名甲喇額真為首領；五個甲喇組成一「固山」，設一名固山額真為首領，二名梅勒額真為輔佐。每一固山以一旗為標誌，所以固山為旗，固山貝勒就是旗主。

明萬曆二十九年（一六〇一年），努爾哈赤正式建立黃、白、紅、藍四旗。後來隨著戰手的不斷取

八旗軍旗幟

正黃旗旗幟

鑲黃旗旗幟

正白旗旗幟

鑲白旗旗幟

正紅旗旗幟

鑲紅旗旗幟

正藍旗旗幟

鑲藍旗旗幟

勝，隊伍不斷擴大，萬曆四十三年（一六一五年）又增設鑲邊的黃、白、紅、藍四旗，這樣就形成了滿洲正黃、正白、正紅、正藍、鑲黃、鑲白、鑲紅、鑲藍八旗。八旗之間，各樹己幟，互不統屬；努爾哈赤為八旗最高統帥，親領正黃、鑲黃兩旗，其他六旗，由努爾哈赤的子、弟掌領。

八旗制度不僅是軍事制度，還兼有徵賦、服役的職能。後金國築造城寨、運輸物資等力役，都按旗分派各牛錄人丁擔任。官用穀糧、戰時急需的戰馬和舟船，也由各牛錄備辦。同時，八旗制又是後金進入遼瀋之前特殊的政權組織形式。八旗的各級額真既要執行汗的命令，撥派人夫屯田服役，統率士兵作戰；又要尊奉汗諭，統轄下屬人員。

北海冰嬉圖：呈現了八旗士兵滑冰的場景。

八旗壯丁平時耕獵放牧，戰時披甲出征。努爾哈赤、皇太極從八旗壯丁中抽丁組建了八旗勁旅，從開始的五、六萬發展至十一、二萬。努爾哈赤、皇太極平素重視軍隊操練，嚴格軍紀，屢頒軍令，獎勇懲懦，經常舉行操練和檢閱，還以身作則，奮勇衝殺。在君汗的激勵和帶動下，八旗軍隊成為一支驍勇善戰、屢敗強敵、所向披靡的勁旅，先後大敗明兵於薩爾滸、平陽橋、松山，多次入邊，千里突襲，直抵北京城下。

努爾哈赤時，不斷將俘虜及歸順的蒙古人編為蒙古牛錄，列入滿八旗。後金天命六年（一六二一年），喀爾喀蒙古部的台吉台爾布希、莽古勒率領六百戶族人歸順後金，努爾哈赤令其轄滿、蒙牛錄各一。隨著後金走向強大，前來歸附的蒙古部眾越來越多，到天命九年（一六二四年），已經擴編形成了五個蒙古牛錄。天聰元年（一六二七年），擴編成為兩個蒙古旗。天聰九年（一六三五年），漠南蒙古諸部歸順清朝，太宗皇太極將原來的蒙古牛錄和新歸附的蒙古各部統一組編，形成了蒙古八旗，其編制與滿八旗完全一致。入關之後，清

政府對蒙古八旗亦分成駐京蒙古八旗和駐防蒙古八旗。

努爾哈赤時，將投降歸順的漢人編成十六個牛錄（漢名佐領），隸屬滿八旗。天聰五年（一六三一年），皇太極為平衡八旗旗主諸貝勒的軍事實力，以漢人精於火器，撥出漢人別置一軍，名「烏真超哈」（「烏真」，漢語意思為「重」；「超哈」，漢語意思為「兵」或「軍」。），佟養性為昂邦章京（總管）。崇德元年（一六三六年），將漢人分為二旗，石廷柱為左翼一旗固山額真（漢名都統），馬光遠為右翼一旗固山額真。崇德四年（一六三九年）分為四旗，石廷柱、馬光遠、王世選、巴顏為固山額真。崇德七年（一六四二年），增編為八旗，以祖澤潤、劉之源、吳守進、金礪、佟圖賴、石廷柱、巴顏、李國翰為固山額真，計一百二十九個牛錄，二‧四五萬人。入關後，因形勢劇變，漢軍八旗陸續編進新投降和改編的漢人官兵，發展為二百七十個牛錄，兵額二萬人。編制擴大一倍之多，兵額卻少於初建。官多兵少，體現了籠絡漢降官的政策。康熙中期以後，為加強對

其控制，甲喇額真（漢名參領）以上員缺，每以滿洲八旗、蒙古八旗補授。

順治元年（一六四四年），攝政王多爾袞統領滿洲八旗軍四萬餘人，蒙古八旗、漢軍八旗兵共五萬人，恭順王孔有德等漢兵二萬人與包衣兵、外藩蒙古兵，總共約十二萬人，與大順農民軍決戰於山海關，大敗農民軍。此後，八旗軍在攝政王多爾袞和順治帝福臨的調遣下，由幾十萬綠營官兵輔助，屢經鏖戰，終於在順治十六年（一六五九年）入主中原。

鑲鐵把金桃皮鞘腰刀：刀長一百〇四公分，寬五·八公分。

八旗制度的強化

入主中原之後，清王朝加強了八旗軍隊的建設。

1.確定北京八旗軍制。順治年間，北京八旗設驍騎營、前鋒營、護軍營、步兵營，分別統轄驍騎（又稱馬甲、馬兵）、前鋒、護軍、親軍和步兵。其後又設火器營、健銳營、內府三旗護軍營、前鋒營、驍騎營以及圓明園八旗護軍營和三旗虎槍營等。

2.設立駐防八旗。為了剿平各地反清武裝，牢固控制全國一千七百餘府、廳、州、縣，清王朝陸續派遣八旗軍在一些重要城市駐防，稱之為駐防八旗。清代的駐防八旗，大體上可分為畿輔駐防（也稱直隸駐防）、東三省駐防、各省駐防和新疆駐防等四大系統。這一系列改革強化了八旗制度，使八旗職業軍隊化了。

3.發給將弁俸祿和士卒月餉。給予種種優待，使八旗軍成為維護清王朝統治的主要支柱，這也是清帝「滿洲根本」國策的體現之一。

4.增編佐領，確保兵源。將黑龍江索倫、達呼爾等族成員，遷入盛京、北京，編入滿八旗；將包衣佐領

或者佐領下的餘丁，改編爲滿八旗的分佐領；允許包衣因戰功而免除包衣身分，冒充正身旗人的包衣可作「領戶」登記入冊，繼續做其原來差使。包衣原本隸屬家主，不得單獨立戶爲八旗正身壯丁，不能披甲當兵和做官；八旗官兵不得收養、過繼漢民之子和包衣之子，不許漢民之子隨母改嫁旗人而入旗籍，以上這些男丁都不得列入八旗正身男丁冊。但是時日久遠，許多旗人收養漢民或包衣爲義子，還有許多漢人和包衣幼子隨母改嫁旗人而入旗籍，結果這些人得以當兵爲官。僅乾隆元年（一七三六年），在正紅、鑲紅兩旗中，就查出冒充旗人的官員、兵丁多達二千七百多人。清政府將他們打入另冊，允許其繼續當兵爲官。通過以上措施，確保和穩定了八旗的兵源。

除了加強八旗軍制外，針對八旗兵力的有限性，清政府設立「綠營」，補其不足。清軍入關後，其主力八旗部隊的兵力僅有二十餘萬，且有大半駐守在北京，這對於清政府鎮

清軍入關：順治元年（一六四四年）五月二日，攝政王多爾袞率八旗將士威風凜凜地開進北京城。多爾袞昂首策馬，走在隊伍的最前面。

守和治理廣闊的疆域是遠遠不夠的。清廷為了彌補八旗兵力的不足，加強在全國的統治，便開始招募漢軍，並將明朝的降軍進行改編，以營為單位建制。為了和八旗部隊有所區別，漢軍使用綠旗，因此稱為綠營，史稱綠營兵。

團城演武廳：團城演武廳建於乾隆十四年（一七四九年），位於峰巒連綿、風景秀麗的香山南麓，是北京僅存的城池、殿宇、亭臺、碉樓、教場為一體的武備建築群。其主要建築為團城、演武廳、東西朝房（已毀），西城樓門、碑亭、放馬黃城（已毀）等。演武廳閣五楹，前出軒，並有月臺，乾隆帝曾多次在這裡閱兵。廳前即昔日的教場。西城樓門，青白石砌成，拱形門洞，南北兩端各有青石踏道。健銳雲梯營在此演練架雲梯攻城。

綠營兵分為馬兵、戰兵、守兵、水師等四種，分駐於北京和各省。駐守在北京的綠營兵稱為巡捕營，由步兵統領統轄。駐守各省的綠營兵有督標（由總督統轄）、撫標（由巡撫統轄）、提標（由提督統轄）、鎮標（由總兵統轄）、軍標（設於四川、新疆，由將軍統轄）、河標（由河道總督統轄）、漕標（由漕運總督統轄）。標下設協，由副將統領；協下設營，由參將、遊擊、都司、守備分別統領；營下設汛，由千總、把總統領；綠營兵制建立後，經過數次改

良，到康熙帝時已相當嚴密。綠營的將官由兵部管理，將官不能直接統兵，只到戰時臨時撥給部隊。而統兵之將多由文官擔任，文臣不知兵，以文制武，很好地防止了武將專擅。但另一方面，由於將不知兵，兵不知將，遇到戰時臨時抽調成軍，上下不相習，號令不一，各自爲戰，極易引起兵敗如山倒的慘狀。綠營的建立，補滿、蒙、漢八旗力之不足，成爲維繫清王朝統治的另一支重要的軍事支柱。

清王朝入關以後，爲保持尙武功、重騎射的傳統，將太宗皇太極確立的大閱制度立爲定制。順治年間，定每三年舉行一次大閱典禮。屆時，皇帝全副武裝，親自檢閱王朝的軍事裝備和士兵的武功水準。參加大閱的

滿、蒙、漢八旗（共二十四旗），按旗列隊，依次在皇帝面前表演火炮、鳥槍、騎射、布陣、雲梯等軍事項目。清代統治者通過大閱，來訓練八旗軍隊.同時也藉大閱向各族首領炫耀武力。

八旗的功績及其衰落

康熙帝平定「三藩之亂」初期，由於八旗兵丁安逸日久，缺乏戰鬥歷練，加之選帥非人，致使戰爭初期，清軍連連受挫，士氣低落。康熙帝果斷擢任能臣圖海、賴塔爲大將軍，任用穆佔等勇將，八旗軍士氣再度振作；康熙帝又重用綠營將領，使之與八旗軍配合作戰，由此戰局迅速地改觀。綠營兵發揮了重要作用，八旗軍也再顯雄威，於康熙二十年（一六八一年）十月攻克昆明，削平了三藩之亂。

平定「三藩」後，康熙帝將吳三桂藩下人丁編入內務府三旗，分遣到遼東各地；尙之信藩下十五佐領（即牛錄）兵丁，改屬駐防廣州的漢軍旗；耿精忠藩下十五佐領兵丁，改屬福州的漢軍旗；原屬孔有德藩下的兵丁，也編入漢軍旗。

康熙帝又三征準噶爾汗噶爾丹，先後授其兄裕親王福全、三等伯費揚古爲大將軍，調動八旗士卒近十萬名，輔以綠營和蒙古軍，大敗准軍，消除了北方威脅，拓疆二萬餘里。他又遣皇十四子允禵爲撫遠大將軍，統領八旗兵、綠營兵和青海蒙古兵二萬餘名，進入西藏，驅走準噶爾新汗策妄阿拉布坦之軍，安定了西藏，將西藏納入清朝版圖。針對沙俄軍隊對東北地區的侵擾，康熙帝命原黑龍江將軍薩布素率領八旗兵三千，兩次擊敗侵佔黑龍江的沙俄，與俄國政府簽訂了中俄《尼布楚條約》。這樣以八旗軍爲主力的清軍，在康熙朝安定西北、西南，拓土闢域中，發揮了重大作用。

雍正朝時，準噶爾部發動叛亂，清政府出兵平叛。由於開國已久，人習安逸，將弁懈怠；又由於雍正帝擇帥非人，誤任無能的傅爾丹爲靖邊大將軍統領，以八旗兵爲主的北路軍三萬餘名進攻準噶爾。傅爾丹於雍正九年（一七三一年）六月，聽信準部僞

雅克薩之戰油畫

降之將的謊言，率兵一萬（半係滿
兵，另爲蒙古兵、索倫兵）輕騎追
襲，結果在和通泊遭二萬餘名準兵
的伏擊。清軍大敗，副將軍、參贊
大臣、前鋒統領十餘員大臣陣亡，
士卒大半被斬殺或俘虜，只剩下
二千餘名殘兵敗將退回大營。
這次慘敗，表明了八旗軍
的戰鬥力已經大大地削弱。

　　乾隆帝繼位以後，整飭戎務，
組織健銳營，擢用能臣勇士，貶斥
懦將庸帥。他先後擢用阿桂和勇將
兆惠、福康安爲定西將軍、定邊將
軍、大將軍，以八旗軍爲主力，二
征金川，兩征準部，平定回疆，徹
底消除了準噶爾部對西北的威脅，
安定了西北和川西地區，統一了新
疆。乾隆帝又兩征廓爾喀，驅逐了
侵佔藏區的廓爾喀軍，使西藏得以
安定，直隸中央。

　　乾隆後期，八旗軍的戰鬥力已
大大地削弱，失去了先輩威風凜
凜、勇猛無敵的氣概。嘉慶帝還是
皇太子時，曾經隨乾隆帝閱兵，所
見到的卻是「射箭，箭虛發；馳
馬，人墮地」。乾隆帝遠征廓爾喀
軍之戰中，主要依靠海蘭察帶領

清代躉船（模型）：躉船是十九世紀三
○、四○年代活躍於中國東南海面，進行
鴉片走私的西方帆船。

的一百餘員御前巴圖魯（滿語「勇
士」、「英雄」之意）侍衛章京奮勇
作戰，以及三、四千名金川藏兵、索
倫兵、達爾木蒙古兵和二千名綠營
兵，並未徵調北京八旗和駐防八旗
軍。在嘉慶年間，歷時九年平定白蓮
教起義中，北京八旗和西安等處駐防
旗兵柔弱怯戰，未能起到主力軍作
用，僅是一些滿洲將領和東北滿兵、
索倫兵，尚在轉戰五省，奮勇衝殺。
此後，八旗軍更不斷地衰弱，最後於
宣統三年（一九一一年），清朝滅亡
後全部解散爲民。

清初三大疑案

「太后下嫁」、「順治出家」、「雍正奪嫡」，是傳說清初發生在宮廷裡的三件事。由於史料不足，史學界長期聚訟未決，諸說並存，因此多年來被稱為疑案。

孝莊太后有沒有下嫁多爾袞

孝莊太后，是蒙古科爾沁貝勒寨桑的二女兒，姓博爾濟吉特氏，名布木布泰。她於後金天命十年（一六二五年）二月，嫁給皇太極做側福晉，後被皇太極封為莊妃。崇德三年（一六三八年）正月，莊妃生下了皇九子福臨。福臨即位，尊她為皇太后，諡號孝莊，史稱「孝莊太后」。

崇德八年（一六四三年）八月初九，皇太極暴病身亡。朝中諸王爭位，局面混亂，很快地形成了兩派勢力。一派以皇太極的弟弟睿親王多爾袞為首；另一派以皇太極的長子肅親王豪格為首。兩派勢力各自手握重兵，針鋒相對；但都有所顧忌，因為一旦打起來，誰也沒有必勝的把握。最終在親王和大臣會議上，多爾袞拒絕了擁護者對自己的推舉，提出由皇九子福臨繼位，由他與鄭親王濟爾哈朗共同輔政。多爾袞的建議得到各方認可，從而在明朝滅亡前夕的關鍵時刻，避免了清王朝內部的分裂與自相殘殺。在多爾袞的輔佐下，不滿六歲的福臨於崇德八年（一六四三年）八月二十六日登上了皇位，改元為順治。

清軍入關後，多爾袞指揮清軍繼續分兵南下，取得節節勝利。同時，

他以攝政王的身分總攬朝綱，借鑑明朝的制度，制定清朝各項制度。此時的多爾袞實質上已經成爲清王朝的締造者和統治者。可惜驍勇善戰的多爾袞並不長壽。

順治七年（一六五〇年）十一月，他在塞外打獵時突然發病身亡，年僅三十九歲。順治帝以皇帝的禮儀安葬了他，次年又追封多爾袞爲誠敬義皇帝，廟號成宗，升祔太廟。但是此後不到一個月，諸臣即攻擊多爾袞生前曾謀篡帝位，於是剛剛親政的順治帝下令削去多爾袞爵位，撤出宗廟，開除宗室名分，沒收家產，平毀陵墓。權傾一時的多爾袞，死後聲名狼籍。一百多年後，直到乾隆帝時，才頒詔充分肯定多爾袞在清朝開國時「成一統之業，厥功顯著」的重大功績和對皇帝的忠心，爲多爾袞平反昭雪，復還其睿親王封號。

上述即是孝莊太后下嫁多爾袞前後的歷史背景。早在清初，太后下嫁之事便開始流傳，但究竟有沒有其事，官方的文獻沒有明確記載。史學界對此一直爭論不休，有著種種解釋，至今仍無定論。概而言之，有如下說法。

權色交易說：順治帝即位時，不

皇后寶座

琵琶襟馬甲：長袍外面加罩一件馬甲，是滿族婦女十分喜愛的裝束。這種馬甲與男式馬甲一樣，也有大襟、對襟及琵琶襟等形制，長度多在腰際，並綴有各式花邊。

野，但最終他沒有奪取皇位，而是選擇了當攝政王，輔佐孝莊太后的兒子福臨（即順治帝）爲帝。孝莊爲了報恩，下嫁多爾袞。

保皇之說：多爾袞在清朝入關時立下大功，聲威極盛。順治帝幼年即位，根基不穩，多爾袞有奪取皇位之心。爲了拉攏多爾袞，保住順治帝的皇位，孝莊太后下嫁多爾袞。

二十世紀三〇年代明清史專家孟森曾發表《太后下嫁考實》，力辯太后下嫁僅是傳聞而已。但近年又有學者論證「太后下嫁」說，許多專家都贊同「太后下

到六歲，孝莊太后爲了使兒子福臨能夠坐穩龍椅，就利用多爾袞對她的癡迷，在關鍵時刻使出殺手鐧，與他做了一次權色交易。

私通之說：孝莊太后與多爾袞年紀相若，早在入關之前就相識。後孝莊太后被皇太極納入宮中，但位居五宮貴妃中的最末席，皇太極最寵幸的是她的姐姐海蘭珠。於是，她與多爾袞私下就有了曖昧的關係。

報恩之說：皇太極死後，皇位的爭奪非常激烈。多爾袞當時權傾朝

緞釘綾鳳戲牡丹紋高底旗鞋：清代滿洲貴族婦女裝有「花盆底」的旗鞋，一般要比普通女鞋高出二至三寸。

嫁」極有可能，太后下嫁派的證據如下。

1.蔣良驥的《東華錄》卷六說：「（多爾袞）自稱皇父攝政王，又親到皇宮內院」，無疑是把太后置於妻子、把皇帝置於兒子的地位。如果太后沒有下嫁，她和皇室親王貝勒是萬萬不能接受的，奇怪的是，此事卻得到他們的默認，而且當多爾袞死後，竟破例追封爲誠敬義皇帝。

2.《李朝實錄・仁祖》卷五十：記順治六年（一六四九年）二月，清廷曾派遣使臣去朝鮮遞交國書，朝鮮國王李倧驚見書中稱多爾袞爲「皇父攝政王」，便問：「清國諮文中有『皇父攝政王』之語，此何舉措？」大臣金自點回答說：「臣問於來使，答曰：『今則去叔字，朝賀之事，與皇帝一體云』」。右議政鄭太和說：「敕中雖無此語，似是已爲太上矣」。國王李倧也說「然則二帝矣」。這說明朝鮮君臣也發現所謂「皇父」的奧祕，無疑跟太后下嫁一事有關。

3.南明魯王政權的大臣張煌言在《建夷宮詞》中寫道：「……上壽觴爲合巹尊，慈寧宮裡爛盈門。春宮昨

五彩仕女紋盤：盤中人物線條流暢，彩飾亮麗精緻，是清朝瓷器中不可多得的一件精品。

進新儀注，大禮恭逢太后婚。……」指的就是太后下嫁一事。張煌言以當時人記當時事，詞中說慈寧宮中張燈結綵，喜氣盈盈地舉行婚禮，不是太后下嫁，誰人敢在太后宮中舉行成婚大典？

4.康熙二十六年（一六八七年）十二月，孝莊太后病重，曾對康熙帝說：「太宗文皇帝梓官，安奉已久，不可爲我輕動。況我心戀汝皇父及汝，不忍遠去，務於孝陵（順治帝的陵墓）近地擇吉安厝，則我心無憾矣」。這種做法是違背清朝帝后喪葬制度的，可見她有難言苦衷。正是因爲有了下嫁攝政王多爾袞一事，她才覺得死後再同皇太極合葬不妥。

5.《皇父攝政王起居注》中有一九四六年十月近代學者劉文興所撰的跋，其中寫道：「清季宣統初元，內閣庫垣圮。時家君（劉啓瑞）方任閣讀，奉朝命撿庫藏。既得『順治時太后下嫁皇父攝政王，遂以聞於朝』」。如果沒有「太后下嫁」在先，能有「聞於朝」在後嗎？

反之，認爲太后沒有下嫁多爾袞的一派，對以上各點都予以駁正：

1.張煌言是明朝遺臣而堅持抗清，寫詩時人在南方，依據又是遠道

之傳聞，鄰敵之口語，難保不借此以渲染新朝的醜穢，攻擊醜化敵人，故不能據此孤證作定論。

2.古代已有尙父、仲父之稱，都是對功臣的尊稱。多爾袞功高，所以皇父也是尊稱，非父親之父。

3.清代皇后與皇帝分葬，不只孝莊太后一人，如孝惠皇后之與順治。而且當時已有孝端皇后（孝莊的姑姑）與太宗合葬，如果重新把太宗陵啓開的話，就會驚動亡靈，誠爲不敬。所以孝莊太后的陵墓置於清東陵，不能證明她曾下嫁多爾袞。

4.《皇父攝政王起居注》跋中雖有記載，卻沒有發現能直接證明此事的詔令、敕書，因此是孤證。迄今爲止，沒有一條過硬的材料證明孝莊太后下嫁

清　裝金鏤雕三層盒：此盒分三層，每層相隔，隔板保留漆色，其餘部分幾乎全部裝金。盒壁鏤雕而成，玲瓏剔透，表現人物故事及博古陳設等圖案。下配束腰三彎腿帶托泥底座。吸收了建築及家具的一些造型元素，器型特殊，紋飾繁縟富麗。

多爾袞。看來太后是否下嫁的公案還要爭論下去，只有待新的史料發現，才能解開這個疑案。

順治帝死因之謎

順治十八年（一六六一年）正月初七半夜，順治帝在養心殿去世。正月初八，玄燁即位，改元康熙。不久，有關順治帝出家的消息就在民間廣爲流傳，演繹頗多，給順治帝之死染上神祕色彩，成爲迄今仍無法定案的歷史之謎。《清史稿》、《順治實錄》、《清實錄》等清宮方面的史冊中，關於順治帝之死僅有寥寥數字，語焉不詳，更是給人諱莫如深之感。

據野史與民間傳說，順治帝因一代名妓董小宛去世而遁入空門。而據史書記載，不是董小宛，而是董鄂妃。她「年十八，以德選人掖廷」，備受寵愛。順治十四年（一六五七年），董鄂妃誕下皇四子，卻於次年正月不幸夭折。董鄂妃傷心欲絕，不久後病逝。順治帝遭受愛妃之死的重創，遂產生出家之念，剃度遁入空門。

一些非官方的史書則說順治帝因病而逝，如當時人張宸的《平圃雜記》對此亦有詳細記述：順治十七年（一六六○年）底，順治帝染上天花，禮部奉旨宣布免去元旦大朝慶賀禮。正月初二，順治帝爲祈求佛法庇佑，把最寵愛的太監

養心殿正殿：養心殿是雍正帝以後歷代皇帝處理政務的地方。

世祖順治帝像：順治八年（一六五一年）正月十二日，順治帝福臨親政。此後，順治帝在跌宕起伏，紛繁駁雜的十年親政中，採取了一系列改革措施，有效地鞏固了自己的統治，成為清朝開國時期一位刻意求治、頗有作為的年輕皇帝。

吳良輔送到憫忠寺剃度，作為自己的替身。正月初四，朝廷正式向文武大臣宣布皇帝患病。初五，宮殿各門所懸的門神、對聯全部撤去；接著傳諭全國「毋炒豆，毋點燈，毋潑水」，以祈祝皇帝康復。初七夜，順治帝死於養心殿。明清史專家孟森也認為順治帝死於天花，此說得到不少專家的認可。

而最近新發現了《延平王起義實錄》手抄本，為順治帝之死提供了新說法。這份資料是泉州南安的鄭成功宗親鄭夢彪從鄭氏後人手中得來的。該書文字生澀難懂，鄭夢彪將影本委託鄭成功研究專家張宗洽進行研究。張宗洽在研究過程中，意外發現了三段關於順治帝死於廈門的驚世之言。

其一為：「有人密啟藩主，以高崎之戰偽帝順治實在思明港被炮擊沒，達素祕密而不敢宣。及京中查無下落，召達素回京，達虜懼罪自殺。至是太子即位，宣順治於正月崩者，偽虜之伎倆也。藩曰：『余亦計之，但當時恍惚未敢再信』」。譯為今文即：有人密報鄭成功，順治帝是在廈門思明港被炮轟而死的，大將軍達素不敢公布這一消息。京城中查不到順治帝的下落，召達素回京，達素畏罪自殺。後太子即位，宣布順治帝駕崩，這是朝廷掩蓋的手段。鄭成功說：「我也意識到了這點，但當時不敢相信」。

其二為：「初，太師在京屢以書諭藩招撫。藩不肯，然虜順治亦不之罪也。至是順治崩，執政者與太師有隙，遂對虜太子諫以藩能擊崩主父，

我皇豈不能殺害其父乎。虜太子納之，至是新即位而太師遂遇害。」文中所說太師即南明太師鄭芝龍。他是鄭成功的父親，降清後屢次寫信勸鄭成功投降，都以失敗告終。但順治帝只是將他軟禁，沒有治罪。順治帝死後，輔臣蘇克薩哈與鄭芝龍有宿怨，向太子進諫：「鄭成功可以用炮擊死我們的先皇，皇上難道就不能處死他的父親嗎？」太子即位後不久就處死了鄭芝龍。

其三，除了這兩段直證順治帝死因的文字，還有一段相關文字，也為以往鄭成功研究資料中所未見。其文為：「報偽朝順治崩，太子即位，是為康熙。藩喜曰，偽朝大喪，且達素新敗，虜必無暇南顧矣，我當速取公夷（即臺灣）為根本地，然後再圖北征。」張宗洽認為，這段文字解釋了鄭成功對攻台時機的選擇，即與順治帝之死有直接關聯。

當然有人對此說表示懷疑，認為在史學界流傳已久的《先王實錄

鍍金銅佛龕：西藏文管會藏清代佛龕。龕內供佛三尊，整個佛龕造型嚴謹，金碧輝煌。

校注》和新發現的《延平王起義實錄》二者區別僅在於，後者比前者主要多了和順治帝死因相關的三段文字。由於可以肯定二者都是後來的抄本，那麼就有兩種可能，一種是《延平王起義實錄》故意無中生有，增加了順治帝之死的內容；另一種就是《先王實錄校注》故意有遺漏。如果是第一種情況，那麼《延平王起義實錄》的抄錄者，鄭成功的九世孫鄭叔成為何要增加這部分內容？如果是第二種情況，那麼鄭叔成是從何抄錄而來？已發現的幾個抄本（從紙質、保存程度來看，應該都早於鄭叔成抄本）都是有遺漏的，畢竟經歷了清王朝二百多年的高壓統治，何以到了一九一二年，他還能抄錄到如此完整的版本呢？

雖然史料值得懷疑，但是此說卻有一些流傳在廈門民間的傳說可為佐證。

廈門民間曾傳說，順治帝曾詢問五臺山的和尚，被告知自己將會

清 碧玉太平有像

死在牛屁股，順治帝當時大惑不解。後來，鄭成功領兵在廈門箟簹港岸牛家村與清兵對決，一日，部下大將軍點燃大炮正要發射，鄭成功突然發現對岸有一人頭上閃閃發光，當即調轉炮位對準發射。誰知那正是順治帝冠上夜明珠發出的光芒。順治帝當場被擊中，死於牛家村，應驗了五臺山和尚的預言。

另一相關傳說是無鰾江魚的故事，在福建民間文學叢書《鄭成功的傳說》和廈門文化叢書《廈門掌故》中均有記載。俗傳明末清初，鄭成功

據島抗清，順治帝御駕親征。鄭軍沿港岸與清軍激戰。清兵船駛入箟簹港，進退無路，遂成甕中之鱉。順治帝大驚，急命棄船登岸，卻被鄭成功軍隊的缺嘴炮擊中，當場斃命落水。鄭成功遂尊此炮爲「缺嘴將軍」。港中江魚因食順治帝的血肉而發生形變，廈門有句俗語「江仔魚食皇帝肉，暢快無肚」，即從此出。此外，在廈門老漁民口中還流傳著一種說法，即港內的文昌魚是順治帝的屍蟲所變。

縱覽正史，沒有任何記載表明順治帝曾到過廈門，但是廈門民間爲何會生出這樣的傳說呢？確實耐人尋味。

雍正帝繼位之謎

康熙帝共有三十五個兒子，大致分爲三派。第一派以皇太子胤礽爲中心，皇三子胤祉在後支持。第二派以皇四子胤禛（後來的雍正帝）爲首，皇十三子胤祥、皇十七子胤禮隨同。

景陵神道：康熙六十一年（一七二二年）十一月十三日，康熙帝因病去世，享年六十九歲。第二年（一七二三年）九月一日，葬於景陵。康熙帝在位六十一年，其間殫精竭慮，勤於政事；用兵臨戎，無所畏懼，曾平定三藩，統一臺灣，親征噶爾丹，進軍西藏，業績可嘉。他平日力戒驕奢，節用愛民，不尚虛文，力行實政。他在位期間，社會經濟相對發展，文化政策以懷柔爲主，提倡程朱理學，相容西方科技，整理文化遺產，對清代文化影響卓著。

第三派的核心人物是皇八子胤禩，皇長子胤禔、皇九子胤禟、皇十子胤䄉、皇十四子胤禵從。三派勾心鬥角，實力最強的是第三派。

康熙四十七年（一七〇八年）九月十六日，太子被廢，次年胤禛被封為雍親王，受命與皇長子胤禔共同看管太子。康熙帝憂傷過度，於這年冬天大病一場。皇八子胤禩為人幹練，康熙帝命其代理內務府總管一職。眾皇子為角逐太子之位，各顯神通，皇長子胤禔找喇嘛詛咒皇太子胤礽發

瘋，直接向皇帝建議立皇八子為太子，並表示願意替皇帝處死廢太子。康熙帝大怒，將胤禔關押起來，同時也對皇八子產生懷疑。不久即把皇八子革爵關押，附和皇八子的大臣勳貴，或被革職或被處死。而皇四子胤禛卻在父皇面前為廢太子講好話，康熙帝稱讚他「深知大義」。康熙帝患病期間，他又處處體貼，與眾兄弟進呈藥方，大獲父親好感。

為根絕諸子間的奪位之爭，康熙四十八年（一七〇九年），康熙帝再次立胤礽為太子，釋放皇八子，並恢復其爵位。而皇長子胤禔則一直被幽禁於家中至死。不料太子仍然沒

雍和宮建築圖：康熙三十三年（一六九四年），康熙帝第四子胤禛（後來的雍正皇帝）在北京城內東北隅原明代太監官房舊址築建雍親王府。雍正三年（一七二五年）改建為雍和宮，成為特務衙署「粘杆處」。雍正帝逝世（一七三五年）後，因其靈柩停放在宮內，遂將各主要建築的屋頂由綠琉璃瓦改為黃琉璃瓦。此後，雍和宮成為清代皇帝供奉祖先的場所，眾喇嘛常年在此頌經，超渡亡靈。

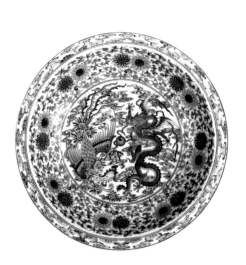

「大清雍正年制」款鬥彩龍鳳紋瓷盤

有學會謹慎處世，於康熙五十一年（一七一二年）再次被廢，且被永遠幽禁於咸安宮。此後直到康熙帝去世，也未明確太子人選。胤礽二度被廢以後，胤禛的同母弟皇十四子胤禵勢力迅速上升。康熙五十七年（一七一八年），胤禵被授撫遠大將軍職，主持西北軍務，康熙帝稱讚他「有帶兵才能」，一度被公認爲太子的當然人選。同時，胤禛與父親關係也頗爲融洽，時常奉命代父祭祖陵，舉行郊禮大典，處理政務也頗有章法。

康熙六十一年（一七二二年）十一月，康熙帝突發疾病。十二日晚，諸王子齊集暢春園。次日，康熙帝病逝。康熙帝死後，步軍統領隆科多（胤禛的舅舅）宣布遺詔，皇位繼承人爲胤禛。雍正帝即位後，有關他的傳聞廣泛流傳於民間。其中就有雍正帝毒殺父親，陰謀篡改遺詔等說法。雍正帝曾編纂《大義覺迷錄》一書頒行天下，本意是對自己篡奪皇位的種種傳說進行辯解，然而事與願違，這種欲蓋彌彰的作法，反而弄巧成拙，愈描愈黑。

關於雍正帝即位，概括起來主要有兩種說法：

1.合法繼位說，即雍正帝遵照康熙帝遺詔合法繼位。理由有三：一是胤禛深得康熙帝的信賴。康熙帝病重的時候，派胤禛代他到天壇祭天。國之大事在祀（祭祀）與戎（軍事），代皇帝祭天，說明康熙帝有意傳位於他。二是康熙帝臨死之日，把皇七子和步軍統領隆科多召至榻前，宣布諭旨說：「皇四子胤禛，人品貴重，深肖朕躬，必能克承大統，著繼朕登基，即皇帝位」。三是康熙帝留有遺詔，明確指明皇四子胤禛繼承大統。

2.改詔篡位說，即胤禛篡改康熙帝遺詔，篡奪皇位。理由如下：一是康熙帝讓皇四子代他到天壇祭天，卻

「正大光明」匾：北京紫禁城乾清宮內、皇帝寶座上方的「正大光明」匾額即為存放立儲祕詔之處。

派皇十四子做撫遠大將軍，國之大事在祀與戎，說明康熙帝也有傳位於皇十四子的意向。二是康熙帝臨終前宣讀口諭時，胤禛在天壇祭天，所以沒在場。但就在同一天，他曾三次奉召到暢春園去見康熙帝。上午第一次覲見的情景，《清聖祖實錄》有記載，康熙帝對雍親王說，「朕病勢日臻」，這說明康熙帝此時並不糊塗，還能說話，但是為什麼沒有告訴胤禛欲傳大位給他之事。有人說康熙帝保密，但他跟皇七子和步軍統領隆科多說了，怎麼會跟繼承人保密呢？所以有人認為康熙帝的這個口諭是偽造的。三是康熙帝遺詔在其死後三日才

公布。在此期間皇四子胤禛有篡改遺詔之嫌，即康熙帝晚年遺詔就是傳位十四子，胤禛把「十」字改成「于」字，等於篡了他弟弟的位。

有人反駁說，證諸史實，此事不可信，因為當時「于」字寫成「於」，「十」字難以改成「於」字；而且按清朝當時的行文習慣，當稱皇十四子，皇四子，如果改的話，那就變成「傳位於皇於四子」，不通；再者傳位的詔書用滿漢兩種文體寫成，即使漢文能改，滿文如何改？但是遺詔畢竟僅由隆科多一人經手，因此不能排除隆科多上下其手、偽造遺詔的可能。四是胤禛說知其繼承皇位，是隆科多口傳給他的，沒有旁證。五是康熙帝死後，京城九門戒嚴，親王和皇子沒有胤禛的批准，任

何人不許進入皇宮。連自己的兄弟進宮弔唁自己的父親都要限制，說明其中有鬼。六是皇十四子撫遠大將軍胤禵入京奔喪，向雍正帝奏報，問先賀新君登基，還是先弔唁皇父？而雍正帝不讓其進城，卻派他到河北遵化守陵，實際是軟禁了皇十四子。如果正大光明地繼承皇位，何必如此？七是雍正帝死後，不葬東陵而改在西陵，說明雍正帝黃泉之下，不敢見其父。八是雍正帝得位之後，打擊諸兄弟，從側面反映其得位不正。他將一直想謀取皇位的皇八子和皇九子改名為「阿其那」和「塞思黑」（滿語「狗」和「豬」的意思），直至將二人迫害至死；並將其同胞弟弟皇十四子幽禁。乾隆帝即位後，才下令恢復了「阿其那」和「塞思黑」的原名和宗籍，釋放被軟禁的皇十四子。九是雍正帝即位之後，殺死出力最大的年羹堯和隆科多，有殺人滅口之嫌疑，也說明其得位不正。十是雍正帝在其親自編撰的《大義覺迷錄》中，不厭其煩地為其即位的合法性進行辯護，很有些「此地無銀三百兩」的味道。

如果康熙帝真是傳位於皇四子，那麼究竟原因何在？有人認為皇四子的次子弘曆恐怕是問題的關鍵。弘曆出生於康熙五十年（一七一一年），自幼聰明伶俐，深得祖父寵愛。康熙帝時常將弘曆帶人宮中，親自調教。因此為了傳位給心愛的孫子，而選擇孩子的父親為皇位繼承人，自在情理之中。但有人以為此觀點純屬猜測。因為證諸史實，康熙帝初次認識弘曆，是在康熙六十年（一七二一年）春天，一年之後康熙帝便去世了。康熙帝雖然喜歡弘曆，但未必因此便將天下交給弘曆的父親。

不管雍正帝如何得位，他繼位之後，吸取清初以來沒有行之有效的立儲法，從而引起諸皇子爭儲、致使骨肉相殘的教訓，決定實行祕密建儲制度。雍正元年（一七二三年）八月十七日，雍正帝在乾清宮召集王公大臣，宣布了他的祕密立儲法，即把指定儲君的詔書藏於匣內，置於乾清宮「正大光明」匾額之後。皇帝晏駕之後方可開啓，以便預定的新君繼位。此前儲君是誰，一概保密，已被立為儲君的本人不知，王公大臣亦不曉。此法得到王公大臣的一致贊同，中國歷史上從未有過的祕密立儲制度由此建立。

漫談清代文字獄

　　有個流傳很廣的故事，說清朝有個書生，把家中發黴的書搬到太陽下曬。一陣風吹來，將書頁掀開，書生突然來了「靈感」，寫了首「打油詩」，其中有一句是「清風不識字，何故亂翻書」。結果有人向朝廷告密，說這個書生諷刺清朝皇帝是「不識字」的昏君。書生因此被打入死牢，含冤九泉……故事在今天聽起來顯得荒唐可笑，卻從一個角度折射出了清代「文字獄」羅網之嚴密。

　　所謂文字獄，就是統治者出於鞏固統治的需要，有意從文人的作品中尋摘字句、羅織罪名而構成的冤獄案件。文字獄自古就有，如最早的文字獄發生於魯襄公二十五年（前五四八年），齊國權臣崔杼殺死國君齊莊公，當時太史秉筆直書「崔杼弒其君」，招來殺身之禍。太史之弟接替兄職，仍秉筆直書，又遭崔杼殺害。太史另一弟襲兄職後，再度秉筆直書。崔杼害怕了，不敢再殺。秦始皇三十四年（西元前二一三年），儒生議論朝政，反對設郡縣，秦始皇遂下令焚書。次年，又以「妖言以亂黔首」的罪名坑殺了四百多名儒生，成爲中國歷史文化的一場浩劫。秦以後，文字獄隨著君主專制主義的加強而時有發生，如東漢末年曹操殺崔琰、孔融，北宋迫害蘇軾的烏臺詩案等，都是典型文字獄案例。到了明清時期，君主專制的集權程度登峰造極，文字獄也愈演愈烈。

明朝初年是文字獄發生非常密集的年代。明太祖朱元璋羅織文網，百般挑剔，對觸文網者動輒即興大獄，甚至採取瓜蔓抄式的株連方式，把與當事者有關的人一網打盡，異常殘酷。

而清代文字獄尤勝於明朝。據統計，從順治五年（一六四八年）到乾隆五十三年（一七八八年）的一百四十年間，順、康、雍、乾四朝共發生各類文字獄多達八十二起，其中順治朝二次、康熙朝二次、雍正朝四次、乾隆朝七十四次。清代文字獄所打擊的主要是官民中的反清思想、對統治者的不滿情緒以及與黨爭有關的人物。除了少數案件事出有因外，絕大多數都是捕風捉影、望文生義，純屬冤假錯案。每興一獄，一人獲罪，株連極多，斬殺流配，慘不忍睹。

清代的文字獄開始於順治朝。順治二年

（一六四五年），發生兩起文字獄案。一為「黃毓祺詩詞」案。黃毓祺寫有「縱使逆天成底事，倒行日暮不知還」，被指為反清復明，抄家、滅門、戮屍。另一為河南鄉試案。在河南鄉試中，有個考生將「皇叔父」寫成「王叔父」，觸犯時忌，結果被揭發。主考官兩人被押至刑部治罪。

康熙一朝的大案有莊廷鑨《明史》案和戴名世《南山集》案。

莊廷鑨為浙江湖州富商。他從明末大學士朱國禎孫子處購得朱國禎所寫的《列朝諸臣傳》稿本，請人補了朱國禎書中缺的崇禎朝和南明的歷史，書成後易名為《明史》，並署上了自己的名字。但是未及刻印出版，

軍機處內景：軍機處位於紫禁城內右門西側，是軍機大臣辦公的地方。軍機大臣在此協助皇帝處理軍政要事。

康熙帝楷書墨跡

莊廷鑨便去世了。由於書中涉及明末天啓、崇禎兩朝史事，如實敘述了滿洲祖先與明王朝的隸屬關係，其中又多有指斥滿洲的文句，指責孔有德、耿仲明等叛明降清，觸犯時禁，於康熙二年（一六六三年）被人告發。結果莊廷鑨被開棺戮屍，莊氏家屬及參與編纂或卷首列名、爲書作序、校閱、刻字、印刷、賣書、買書者皆被株連，時達二百多人，其中有七十二人被處死。

康熙五十年（一七一一年），發生《南山集》案，又稱戴名世案。戴名世，安徽桐城人，官至翰林院編修。戴名世在未中進士之前，曾搜求佚文和野史，訪求故明遺老，著成文集，以其故里南山崗命名其文集爲《南山集》。書中採用了同鄉方孝標所著的《滇記聞》中的材料，記南明史事；敘述明末清初的抗清事實，並用南明弘光、隆武，永曆年號，認爲清朝應從康熙元年算起，因爲此前南明尚存在，所以順治朝不算正統。結果被左都御史趙申喬告發，戴名世身被寸磔，戴名世同族十六歲以上者皆被處斬，並株連作序、刻印、售賣者，計數百人。

雍正時期，由於康熙末年諸皇子爭奪皇位鬥爭的影響，雍正帝極力鎮壓異己勢力，文網更加嚴密。

雍正帝的文字獄，首拿年羹堯開刀。年羹堯戰功卓著，又是雍正帝的心腹，累遷川陝總督、太保、撫遠大將軍，封爵一等公。然而年羹堯功高震主，卻不知收斂，終於招致殺身之禍。雍正三年（一七二五年），天上出現「日月合璧」、「五星連珠」的奇觀，是爲祥瑞之天象。眾臣照例要上表稱賀，年羹堯也不例外。但是雍正帝卻從年羹堯的賀表中指出兩處毛病，一是字跡潦草，二是把成語「朝

乾夕惕」寫成「夕惕朝乾」。

雍正帝以此大做文章，指責年羹堯有「不臣之跡」，「其乖謬之處，斷非無心」，但其實是欲加之罪，何患無辭。一些大臣或迎合皇上，或出於對年羹堯的嫉恨，趁機發起攻擊。結果年羹堯被賜死，家產被抄沒，家族、門生、故吏，或被殺，或被貶斥。

雍正朝時文字獄以查嗣庭案最為出名。查嗣庭官至內閣學士、禮部侍郎，雍正四年（一七二六年）出任江西主考，選用《詩經》上的「維民所止」為考題，結果被人告發要去「雍正」之頭。雍正帝恐就此題處分引起朝野的非議，就搜查查嗣庭的寓所，結果獲其日記。日記中有為戴名世案鳴不平的文字，又記載了熱河發大水淹死官民八百人的事，雍正帝遂以此抓捕查嗣庭。不久查嗣庭尚未結案便病死獄中，但是仍被開棺戮屍梟首，兒子被殺，家屬被流放。雍正帝還因此遷怒於浙江士人，認為浙江士風不正，專門派了官員去浙江整頓風俗，並停止浙江的鄉試和會試兩年，作為懲罰。

雍正六年（一七二八年）發生的曾靜、呂留良案，是清代規模最大的文字獄。呂留良（一六二九～一六八三年），浙東著名的道學先

年羹堯畫像：年羹堯，字亮工，漢軍鑲黃旗人。年羹堯在雍正帝登基過程中，起了十分重要的作用，被雍正帝視為新政權的核心人物。雍正三年（一七二五年）十二月十一日，議政大臣議定年羹堯罪狀共九十二款上奏。雍正帝遂命年羹堯自裁。

生，曾作詩「清風雖細難吹我，明月何嘗不照人」，暗寓拒清復明的思想。順治、康熙時，呂留良歸隱山林，削髮爲僧，拒絕康熙帝博學鴻詞的徵召。雍正時期，湖南永興人曾靜赴京應試，見呂留良之文極爲欽佩。回鄉不久就派弟子張熙赴浙江呂留良家求教索書。其時呂留良已死，其子呂毅中便以父親的詩文集贈送於曾、張。

雍正七年（一七二九年），川陝總督岳鍾琪兩次要求覲見雍正帝而不得。曾靜乘機派張熙前往岳鍾琪處策反，並列舉雍正帝謀父、逼母、弑兄、屠弟、貪財、好殺、耽酒、淫色、懷疑、誅忠等罪狀十款，要岳鍾琪起兵反清。岳鍾琪假意迎合，探知張熙是受曾靜的指示，於是抓捕張熙，並向雍正帝報告，接著逮捕了曾靜。經審訊，曾靜供出其反清思想出自呂留良華夷有別論，於是雍正帝下令搜查呂留良著述及日記，親自撰文批駁呂留良華夷有別論。雍正帝認爲這些人的「悖謬」，「諒宇宙內斷無第二人」，下令將呂留良之子呂毅中斬首；刊刻、私藏呂留良詩文以及附會其詩文者統統連坐；呂留良和其另一子呂葆中、其學生嚴鴻逵早已去

木胎黑漆描金有束腰寶座：寶座是椅具中體積最大的，爲的是襯托坐椅主人的威嚴和莊重。這件製作於清雍正年間的寶座，體量碩大，座面長近一百四十公分，面呈腰圓形，有束腰，鼓腿彭牙，牙條的壺門曲線婉轉自如，頗具神韻。寶座的腿足向內裏大弧度地兜轉，含蓄而沉著，造型類似象鼻，被過去的工匠稱爲「內翻大挖」。獨靠背板，書卷措腦，兩旁由拐子式樣的扶手圍抱。整個寶座顯得氣勢圓渾、沉穆典雅。

世，也被開棺戮屍；呂、嚴直系親屬十六歲以上男子皆斬，其餘家屬或被殺或充軍爲奴。曾靜、張熙在獄中的供詞和雍正帝所撰文章、歷次的諭旨，一併編爲《大義覺迷錄》刊行。雍正帝並派曾靜、張熙親自到東南各省學府宣講，當衆認錯，以平息東南各省文人的反清情緒。最後，雍正帝將其釋放回鄉，指示地方官加以保護，並說：「就是我的子孫，將來也不得以其詆毀了我而追究殺害他們」。然而雍正帝死後不久，乾隆帝即將他們處斬，《大義覺迷錄》也作爲禁書收回。

乾隆一朝，文網尤爲嚴密，動輒羅織罪名，大興冤獄，竟有七十餘次。乾隆朝時，張廷玉、鄂爾泰兩派朋黨勢力，互相攻訐，於朝政大不利。乾隆帝決心打擊兩派勢力，於是「御駕親征」發起了一場文字獄案。時翰林學士胡中藻是鄂爾泰的門人，著有《堅磨生詩鈔》，其中有句詩曰「一把心腸論濁清」，乾隆帝看後故作大發雷霆，說：「加『濁』字於國號『清』字之上，是何肺腑？」詩中「與一世爭在醜夷」、「斯文欲被蠻」等句，因有「夷」、「蠻」字

《風竹圖》：《風竹圖》繪狂風大作時，竹竿仍挺拔有力。頂天立地的竹葉秉筆直掃，如風馳雨驟。畫家打破了一般畫竹葉的常規，用禿筆畫葉，葉尖成扁方形，造成被疾風狂吹的動勢。此爲「揚州八怪」之一的李方膺五十九歲花甲之年的作品，無疑也是其一生傲岸不羈、不阿諛求寵的自我寫照。

樣，被指責爲詆罵滿人。「雖然北風好，難用可如何」，「南斗送我南，北斗送我北。南北斗中間，不能一黍闊」等詩，則被扣以「南北分提，別有用心」之罪，結果胡中藻被殺，族人年十六歲以上者全被斬首。鄂爾泰的靈位被撤出賢良祠，他的侄子鄂昌，因和胡中藻交往，以昵比標榜問罪。後來，又因爲他的《塞上吟》一詩，稱蒙古爲「胡兒」，論他「忘本自詆」（鄂爾泰爲蒙古族），話中又有怨望之意，遂令其自殺。乾隆帝借

此案打擊了鄂、張兩黨的聲勢。

「明月清風」本是吟詩作賦之口頭禪，但入清帝之耳，則被認爲是有反清復明的意圖。乾隆四十三年（一七七八年）發生徐述夔一案。徐述夔死後留下《一柱樓》詩集，時值清朝搜查「禁書」，將該書繳出。江蘇藩司陶易、幕僚陸琰承辦此案，開始未能查出「悖逆」之處，後來被人檢出「明朝期振翮，一舉去清都」一句加以告發。乾隆帝認爲：「借『朝夕』之『朝』作『朝代』之『朝』，且不言『到清都』，而言『去清都』，顯然有興明朝、去清朝之意」，遂定爲「大逆」之罪，將徐述夔家族及列名、校對人尚在人世者處死，已死者開棺戮屍梟首，連查辦此案的陶易及陸琰等人也均身首異處，以懲其「負恩玩法」之罪。已故尚書沈德潛曾爲徐述夔作傳，其生前官銜、

徐述夔案：徐述夔案因一句詩而起，牽連族人、校對者、作序者，甚至查辦此案的官員甚多，用刑極重，充分顯示了乾隆朝文字獄的力度。

諡號皆被撤銷；加之生前將替乾隆帝寫的詩收入自己的遺詩集中，又因其《詠黑牡丹》詩中有「奪朱非正色，異種也稱王」，暗含譏誚，因而也被開棺戮屍。

乾隆時期的文字獄可以說是達到了登峰造極的地步，文人士子因為隻字片言，動輒招致禍患，連累家人師友。

乾隆四十二年（一七七七年），江西新昌舉人王錫侯注改《康熙字典》，遂以「大逆」治罪。巡撫海成因奏請只將王錫侯革去舉人，遂被指為包庇，擬監斬候，布政、按察諸使俱被革職。乾隆四十三年，贛榆縣生員韋玉振刊刻其父生平文中，有「於佃戶之貧者，赦不加息」，將「赦」字誤刻為「敕」字，被人告發，韋玉振即被打一百杖，判了三年徒刑。乾隆四十七年（一七八二年），方國泰企圖以孝求榮，在考場獻出自己七世祖方有度的《陛辭疏草》一本和五世祖方芬的《濤浣亭詩集》一冊，請求獎為「孝友」。不料方芬集中有「蒹葭欲白露華清，夢裡哀鴻聽轉明」兩句，安徽巡撫於是告發方國泰的祖宗有「厭清思想」而遭徒刑。

仙娥　閒輕比似御題　柳青輸兩鬢螺未許人　千曲池風靜鏡澄波綠　識風漠漠翹紅紉跡秋　輕乖漠漠烟霏是春閨　清明時節杏苍天岍柳

閒輕比似壺中游賦半

乾隆帝手跡《清明》

清代文字獄，堪稱歷朝文字獄之最，它是專制集權空前強化的產物，其根本目的是要在思想文化領域內，樹立君主專制和滿族貴族統治的絕對權威。這固然有利於加強思想統治，但也嚴重禁錮了思想，堵塞了言路，窒息了文化和學術的生機，造成了「萬馬齊喑」的局面。

土爾扈特部回歸中國紀略

土爾扈特部源出歷史上的克烈惕部，約在十二世紀末易名為土爾扈特。從元亡後的十五世紀到康熙三十七年（一六九八年）土爾扈特部回歸前的五百年間，土爾扈特部一度駐牧於塔爾巴哈臺山南側，由於該地狹小貧瘠，且受到蒙古族準噶爾部壓迫，於是在十七世紀初開始西遷。在驅趕了諾蓋人之後，土爾扈特部越過哈薩克草原，於天聰二年（一六二八年）來到烏拉河上游，天聰四年（一六三〇年）挺進到額濟勒河（今伏爾加河）草原，佔領了額濟勒河中下游，形成了土爾扈特汗國，亦即俄國所稱的卡爾梅克汗國。

額濟勒河（今伏爾加河）下游豐美的大草原，並非土爾扈特人理想的「樂園」。土爾扈特汗國的北面就是沙皇俄國，正在不斷地向額濟勒河流域擴張，沙俄以軍隊驅趕進入額濟勒河流域的土爾扈特人。但是英勇剽悍的土爾扈特人也不是好惹的，沙皇軍隊要完全征服他們恐怕得付出巨大的代價。因此沙俄政府打拉並用，在軍事威脅的同時，加強了政治上的威逼利誘，通過同土爾扈特部簽訂的六個條約，獲得了優惠的政治、經濟特權，逐漸地控制了土爾扈特部人。

土爾扈特人一方面同俄國的擴張勢力進行了頑強的鬥爭，不斷起而反抗沙皇政府的殘暴統治。十七世紀六〇年代，俄國頓河流域爆發了著名的農民領袖拉辛發起的起義，額濟勒河兩岸的土爾扈特人和當地各族人民紛紛回應，積極參加了起義。十七

世紀末，土爾扈特人又在首領阿玉奇汗的領導下，起而支持巴什基爾人發起的起義。另一方面雖然不得不暫時屈服於俄國的壓力，在形式上臣服於沙俄，但在實際上仍然保持著內政基本獨立的狀態。

土爾扈特部人想盡一切辦法加強與清朝的聯繫，主要有三個方面。一是加強與內地蒙古各部的關係。二是加強與西藏達賴喇嘛的關係，尋求其在宗教上對土爾扈特部的支持，以抵制東正教的侵擾。三是尋找各種機會加強與清王朝的聯繫，向清王朝尋求支持，以抵制沙皇政府對土爾扈特部的控制和壓迫剝削。

崇德三年（一六三八年），準噶爾部首領巴圖爾建都博克塞里，自立汗國，自封巴圖爾琿台吉。崇德五年（一六四〇年），巴圖爾琿台吉在塔爾巴哈台召開喀爾喀與厄魯特蒙古各部首領大會，土爾扈特部首領和鄂爾勒克率領其子書庫爾岱青和伊勒登參加了大會。在這次會議上，蒙古各部首領共同制定了《喀爾喀·厄魯特法典》。會後和鄂爾勒克拜會了厄魯特各部首領，並向他們介紹了土爾扈特

進貢圖這幅圖表現了清代官府收受少數民族貢品的情景。

進貢

部落在額濟勒河流域的情況，和鄂爾勒克與巴圖爾琿台吉進一步調整了雙方的關係。順治元年（一六四四年），俄國政府派使團去準噶爾部企圖誘騙巴圖爾琿台吉，共同出兵攻打土爾扈特部落。巴圖爾琿台吉及時識破了俄國的陰謀，說和鄂爾勒克不是他的敵人，不可能攻打，明確表示了對土爾扈特部的聲援。和鄂爾勒克把自己的女兒嫁給了巴圖爾琿台吉，而他的孫子朋楚克又娶了巴圖爾琿台吉之女為妻，從而使兩部的關係得以改善與加強。但是兩部的關係並非一直友好，隨著準噶爾部的強大，其首領野心日益膨脹，不斷侵擾襲擊其他蒙古諸部，土爾扈特部也屢受侵擾。土爾扈特部在加強同其他厄魯特蒙古諸部的聯繫的同時，對準噶爾部的侵擾進行了抵制。後來準噶爾部發動叛亂，土爾扈特部還配合了清政府平定叛亂的軍事活動。

土爾扈特部落的首領們在西遷的一百四十年間，一直保持並不斷加強著同西藏格魯派喇嘛的聯繫，並取得了藏傳佛教領袖有力的支持。在參加喀爾喀蒙古和厄魯特蒙古諸部王公聯席會議期間，和鄂爾勒克即拜會了跟隨達賴喇嘛當經師、誦經整整二十二年的札雅班第達，並邀請其去土爾扈特部落傳經。札雅班第達於順治二年

（一六四五年）春到土爾扈特部落，並為和鄂爾勒克、達優額爾和台吉們的亡故做法事。書庫爾岱青、袞布伊勒登、羅卜藏、桑傑達等人，亦分別邀請札雅班第達經師為他們講誦經典，轉抄佛經，廣傳妙法。直到次年六月，札雅班第達一行才起身回到中國。和鄂爾勒克及其子和札雅班第達的聯繫，加強了格魯派喇嘛在土爾扈特部落的正統的宗教地位，增強了部落同中國的思想聯繫，求得了西藏達賴喇嘛和班禪喇嘛在神權上對部落最高統治權的承認與支持。此後土爾扈特部歷代首領均加強了同西藏喇嘛的關係，借助藏傳佛教有力的支持，穩

定了部眾，有力地抵制了俄國東正教的擴張。

書庫爾岱青繼位後，努力加強了與清政府的聯繫。順治三年（一六四六年），他與其弟羅卜藏諾顏隨青海和碩特部首領固實汗，向清政府進表貢。順治七年（一六五○年），書庫爾岱青又派使臣與清政府建立了直接的聯繫。此後土爾扈特使臣不斷來往於土爾扈特汗國和清政府之間。順治八年（一六五一年），土

粉彩八吉祥瓷塑：八吉祥又稱「佛八寶」，是佛教中的八件寶物，分別為法輪、法螺、寶傘、白蓋、蓮花、寶瓶、金魚、盤腸。瓷塑共八件，下設蓮花座。

爾扈特首領博第蘇克等「貢馬」,清廷賜以「銀幣等物」。順治十二年(一六五五年),書庫爾岱青遣錫喇尼鄂木布向清廷奉表貢。次年,和鄂爾勒克另一個兒子伊諾登諾謐,也遣使錫喇尼和碩齊「入貢」。順治十四年(一六五七年),羅卜臧諾顏也遣使向清廷「貢駝二百隻,復攜馬千,乞市歸化城」,得到清政府的允准。與清政府聯繫加強,使土爾扈特汗國得到清政府政治上的支持。

土爾扈特部在阿玉奇汗執政期間,繼承了先輩與清政府不斷聯繫的方針。為了維護中國的統一,阿玉奇積極參加清政府平定準噶爾割據勢力的鬥爭。康熙三十五年(一六九六年),清軍於昭莫多大敗噶爾丹後,為防噶爾丹餘部竄至伊犁,康熙帝命阿玉奇在額濟勒河積極配合。阿玉奇率軍千人與一線防堵的策妄阿拉布坦會合於阿勒泰。康熙三十七年(一六九八年),準噶爾部策妄阿拉布坦縱兵洗劫了赴北京向清政府朝貢的土爾扈特汗國使團並殺害了使團一行人,進而綁架了赴祖國西藏朝拜達賴喇嘛的阿玉奇之侄阿拉布珠爾一行

土爾扈特部遊牧圖

人。阿玉奇企望和準噶爾部改善關係，曾把女兒嫁給策妄阿拉布坦，但策妄阿拉布坦出於擴張的需要，竟然時時製造摩擦。策妄阿拉布坦一度阻隔了阿玉奇汗政權與清政府的聯繫。

康熙四十八年（一七○九年），阿玉奇又派出以薩穆坦為首的使團，取道西伯利亞，經庫倫、張家口，歷時兩年有餘，於康熙五十一年（一七一二年）春抵達北京，商洽阿拉布珠爾返回土爾扈特部落問題。阿玉奇給康熙帝的奏文中稱：「所差之使，乃吾心腹小役，聖祖若有密旨，請賜口諭」。實際上磋商機密有二：一是如何聯合起來，對付日益強大並威脅雙方安全的策妄阿拉布坦；二是探求土爾扈特部落重返清朝國的可能性。同年四月，康熙帝也派遣以殷札納、圖理琛為首的使團借道俄國回訪土爾扈特。康熙五十三年（一七一四年）四月十二日，圖理琛使團到達阿玉奇汗的駐地馬奴托海。次日阿玉奇汗舉行了隆重的迎賓儀式，殷札納向阿玉奇遞交了康熙帝

晚年康熙帝畫像

詔書（《康熙諭阿玉奇敕書》），隨後轉達了康熙帝的問候。阿玉奇和部落人跪接，之後舉行盛大宴會。席間阿玉奇詳細詢問了清朝的政治、經濟情況，並說：「滿洲、蒙古大率相類，想起初必係同源，蒙古衣服帽式略與中國同，其俄羅斯乃衣服、語言不同之國，難以相比。」流露出與故鄉親人息息相關的真情，含蓄地表達了願意歸附清朝、成為多民族大家庭中的一員的真摯願望。這次使團出使洽談的主要問題，是土爾扈特部落東

返故土和對付準噶爾部落的問題。但回歸清朝一事，不久因為清政府對準噶爾部的征伐而被拖延下來。

策凌敦多克執政後，與祖國的聯繫，出現了更多的困難。南路通道因清政府和準噶爾部時戰時和，處於梗阻狀態。阿玉奇逝世後，俄國對土爾扈特部落的控制日益加強，使團假道俄國北路又處處受阻。儘管如此，策凌敦多克仍排除重重困難與祖國聯繫。雍正八年(一七三〇年)初，策凌敦多克派遣使團前往清朝向雍正帝請安，呈遞奏書並敬獻禮品。使團在御前表明不自認為是俄羅斯帝國之臣民。而清政府亦認定土爾扈特部落為蒙古所屬之一種族。下半年雍正帝派出托時為首的使團，赴彼得堡祝賀俄皇彼得二世即位，隨團前往的還有以滿泰為首的另一個使團，主要任務是回訪並慰問土爾扈特部，該團於次年抵達了土爾扈特部駐地，受到了土爾扈特部眾熱情的歡迎和盛情的款待。

土爾扈特部敦多克達什執政期間，努力保持了同清政府的聯繫，以求獲得清政府的幫助，抵制沙俄政府控制和剝削壓迫。乾隆二十一年(一七五六年)，敦多克達什派出吹劄布為首的使團，衝破俄國的重重阻撓，歷時五年，到達承德避暑山莊朝覲乾隆帝，並請求去西

龍袍：封建王朝的皇帝，即所謂「真龍天子」，是中央集權專制制度的核心人物，具有至高無上的地位。皇帝的一切「御」用品，都要顯示高貴、尊嚴，並帶有一定的神祕色彩。圖為清朝皇帝的龍袍。

清乾隆粉彩鏤空轉心瓶

藏禮佛。乾隆帝熱情款待了使團並允其所請，派官員護送其到西藏拜謁達賴喇嘛。次年，吹劄布返京，乾隆帝再次召見，並詢問部落與俄國的關係及處境。吹劄布向乾隆帝道：「俄曾經與雪西洋（瑞典）及西費雅斯克國（土耳其）戰，土爾扈特部落出兵助俄，因而部落的實力被削弱，兵弱不足以抵沙俄壓力，後才被沙俄控制，但附之，非降之也，非大皇帝有命，安敢為人臣僕」。吹劄布還建議清政府諭令哈薩克，允許土爾扈特部落以後納貢經過其領地。這樣一來路

途就近便了許多，且不必再假道俄國而遭到阻難。吹劄布詳細地說明了他們所居住的疆域，並繪製草圖獻給乾隆帝。

等到乾隆二十六年(一七六一年)渥巴錫繼汗位時，已是準噶爾汗國滅亡之後的第四年，通往祖國的障礙基本掃除。渥巴錫採取了一些祕密措施，策畫東歸。他和厄魯特各部的聯繫日益頻繁，多次派人赴西藏熬茶禮佛，並通過輝特部的巴達諾顏、杜爾伯特部的鄂勒登告知清政府：「土爾扈特部落準備回歸祖國。」還進一步派人祕密和清政府駐伊犂的官員聯繫，提出要求東返祖國。清政府同意了他們這一合理要求，表示隨時準備迎接土爾扈特部落回歸祖國，內遷的時機成熟了。

渥巴錫汗年輕有為，胸懷坦蕩，心地善良，為人正直，待人友好，很受部眾的擁戴。這時俄國變本加厲地奴役和壓迫土爾扈特人，不僅將他們視為「醜陋、愚笨和骯髒的野蠻人」，而且強迫土爾扈特人服兵役，參加俄國對外侵略擴張的戰爭，數萬人為此喪生。土爾扈特人不堪忍受俄國當局的歧視和壓迫剝削，紛紛要求

渥巴錫汗率領整個部族重返祖國。

乾隆三十六年(一七七一年)正月，渥巴錫汗召開部落大會，號召部眾起來反抗，發動起義，回歸祖國，得到了部眾的一致支持。整個部族的十七萬多人，一起燒掉了自己居住的村落，決心離開居住長達一百七十多年的額濟勒河地區，回歸祖國，不再回頭。俄國政府得知土爾扈特部回歸中國的消息後，立即派出大批的哥薩克士兵前去追趕堵截。在前有阻截、後有追兵的形勢下，土爾扈特部人趕著數以萬計的牛羊，一路上且走且戰，進行了艱苦卓絕的鬥爭。歷經艱難險阻，用了半年多的時間，行程萬餘里，在六七月間，土爾扈特部終於到達中國伊犁城，回到了祖國的懷抱。在這次震驚世界的東歸事件中，土爾扈特人付出了慘痛代價，離開額濟勒河時，有十七萬人之眾，沿途由於戰爭、饑餓和疾病，抵達故土時僅餘七八萬人。到達伊犁後，渥巴錫向清政府獻上了土爾扈特部祖先於明朝永樂八年(一四一〇年)受到敕封的漢篆玉印，表明了土爾扈特部人忠貞不渝、熱愛祖國的赤忱。

乾隆帝得知土爾扈特部回歸祖國的消息後，立即命人前往伊犁做好迎接和安置的準備工作。清政府對歸來的土爾扈特人做了妥善的安置，讓他們在新疆伊犁一帶放牧，並且及時撥給馬、牛、羊二十餘萬頭，糧食四萬多擔，棉花近六萬斤，還有大量的氈廬等物資，幫助歸來的親人儘快安居下來，恢復生產和生活。乾隆三十九年(一七七四年)，乾隆帝在熱河木蘭圍場接見了渥巴錫汗等部族首領，並一同觀賞了圍獵，然後在承德避暑山莊宴請諸位首領。乾隆帝頒布封爵諭令，對歸來的土爾扈特大小首領均予封爵，封渥巴錫為卓里克圖汗(蒙語英勇、剛毅之意)，並在普陀宗乘之廟內建立了《土爾扈特全部歸順記》和《優恤土爾扈特部眾記》兩塊石碑。碑高五公尺，用滿、漢、蒙、藏四種文字刻寫，記述了土爾扈特部眾不遠萬里回歸祖國的動人故事。

土爾扈特部返回祖國的愛國主義行動以及清政府對土爾扈特部的妥善安置，使俄國惱羞成怒。沙皇政府竟然致國書給清政府，蠻橫要求清政府將土爾扈特部交回俄國，甚至以發動戰爭相恐嚇。針對沙俄的無理行徑，清政府義正詞嚴地指出：「土爾扈特

渥巴錫等，與爾（俄羅斯）別一部落，原非屬人」，只因「爾國徵調繁苛，不堪其苦」，才返回祖國。針對俄國的戰爭恐嚇，清政府明確表示「或以兵戈，或守和好，我天朝惟視爾之自取而已」，表示是戰是和，可由沙俄政府自己選擇，大清朝惟有奉陪到底，決不會妥協。

至此，土爾扈特部在國內分居三處：一在新疆，一在青海，一在額濟納。在國外，還有一部分土爾扈特人東歸時受阻，永遠地留在了異國他鄉。土爾扈特部反抗沙俄，發動起義，跋涉萬里，回歸祖國的壯舉，震驚了當時的世界；亦在中國民族關係史上，寫下了反抗外來壓迫、維護祖國統一的可歌可泣的輝煌篇章。

清　黑絨嵌銀花撒袋（弓箭袋）：這是乾隆二十一年（一七五六年）蒙古族土爾扈特部台吉（部落首領）敦多布達什進呈乾隆皇帝的弓袋和箭袋。土爾扈特部原游牧於新疆塔爾巴哈台附近，明末清初西遷至伏爾加河下游。乾隆年間返回中國，被安排在伊犁等處游牧。乾隆帝在熱河行宮接見他們，並賜宴避暑山莊萬樹園。

黑絨廠嵌花撒袋（弓箭袋）

清代前期的西洋風

早在明朝時期，就有大量的傳教士來華傳教，將西方近代自然科學和藝術傳入中國。清代前期中外之間的文化交流也達到了新的境界，不僅許多傳教士來華，帶來了西方的自然科學知識和繪畫、音樂、建築等藝術，給中國的知識界吹來了一股清新的西洋風；就連康熙帝本人也對西學有濃厚的興趣，而且精心鑽研，達到了很高的水準。而湯若望、南懷仁、郎世寧等西方傳教士，以其傑出的才藝，備受清帝禮遇，且居高官顯位，在中國歷史上尤為罕見。

洋人執掌欽天監

明天啓二年（一六二二年），德國傳教士湯若望來華。由於徐光啓的推薦，他在崇禎三年（一六三〇年）七月到北京，在曆局任職，翻譯書籍並推測日、月食。《崇禎曆書》是他和徐光啓、李之藻以及幾個傳教士合力編成的。

清朝入主中原後，湯若望於順治元年（一六四四年）五月上書攝政王，請求保護天文儀器和已刻成的書板，得到批准。同年十一月，湯若望被授職欽天監正，兩年後加太常寺卿銜。

順治帝親政後，對湯若望寵遇「迥逾常格」，封通議大夫，加「通玄教師」號（康熙時因避帝諱，改「玄」為「微」）。孝莊太后認這位洋人為義父，順治帝更尊稱其為「瑪法」（滿語爺爺的意思）。順治帝還

常將瑪法請入內廷；或屈尊降貴，親至湯寓請教。據湯若望記述說，在順治十三至十四年間（一六五六～一六五七年），皇帝曾到其居處多達二十四次，並且在湯的居處吃飯、喝茶。順治帝不僅重其人，而且也禮其教，為天主教堂御題「通玄佳境」的匾額，並寫下《御制天主堂碑記》，以示恩寵。洋人執掌欽天監，中國採用洋人的曆法，自然引起一些盲目自大的朝臣的嫉恨。順治時，吳明烜誣告湯若望，順治帝未加理睬，讓他碰了一鼻子灰。

鰲拜專權時期，「率祖制、復舊章」。新安衛官生楊光先趁機告湯若望等人編修的時憲曆是依西洋新法編制的，分明是讓中國人奉西洋為正朔；攻擊新法有錯誤、不準確，即使準確也斷不容許洋人酣睡於大清國的臥榻之側；攻擊洋人借曆法而打入廟堂，藉機刺探朝廷機密，居心叵測；洋人用金錢收買人心，挾大清之人盡叛清而從邪教；時憲曆只造二百年，是欲使大清國祚不享無疆……種種怪論，不一而足。楊光先甚至提出：「寧可使中國無好曆法，不可使中國有西洋人」。楊光先的誣告，正中鰲拜借此排除異己的下懷，於是逮捕審訊湯若望等洋人和其他欽天監清朝官員。這時湯若望已七十三歲高齡，適患瘁症，口舌結塞，過堂審訊，由作為「同案犯」的比利時籍耶穌會士南懷仁在旁代為申說。所謂潛謀造反之

天主教南堂：位於北京宣武門，是北京最早的一座天主教堂，為利瑪竇於一五二年所建。

185

事，查無實據，便以邪說惑眾的罪名定監絞候。但楊光先意猶未足，又指控說，數年前順治帝幼子榮親王夭折，湯若望主持的欽天監所選殯葬時間大為不吉，以致殃及順治帝之死。這樣「罪同弒逆」，因議加重處死刑。

康熙四年（一六六五年）四月一日，朝臣二百餘人會同定案，突然發生地震。朝臣驚惶失色，及至震止方入堂坐定；地復大震，屋宇搖盪，牆壁傾頹。朝臣們懼為上天示警，遂議減輕「案犯」刑罰，將湯若望改判斬

監候，南懷仁等三名傳教士釋放。然而，大地仍是屢震不已，一連三日，人皆露宿。並且京城上空又出現彗星，人們更加惴惴不安。鰲拜等人亦畏天意，不敢擅斷，只好向孝莊太后請示。孝莊太后諭令開釋，湯若望這才倖免於難，但羞憤、驚懼交加，加上年老體病，次年便去世了。

湯若望罷官後，楊光先和吳明炬（吳明煊之弟）分別擔任欽天監正、監副，以「大統術」治曆，錯誤屢出。康熙七年（一六六八年），南懷仁向康熙帝奏報吳明炬所推算的七政曆、民曆有嚴重錯誤。康熙帝令南懷仁和楊光先在午門廣場當著文武百官的面，各用自己的測算方法，測算正午時間日晷表上所顯示出日影的長度，結果南懷仁的計算準確無誤，楊光先等人的測算卻有誤。康熙帝遂任命南懷仁為欽天監監副，不久又升為監正。從此，欽天監遂用洋人修曆，直至道光帝時止。

少年康熙帝便服像

南懷仁爲清政府設計鑄造了新式大小鐵炮一百二十門，輕便炮二百三十門，還撰寫了造炮和造銃技術的《神威圖說》，爲平定三藩作出重大貢獻，被授予工部侍郎銜。新式大炮也爲清軍擊敗入侵黑龍江流域的俄國侵略軍起了重大作用。

康熙帝研習西學

康熙帝聰敏好學，不僅於理學造詣頗深，而且喜好西學，並進行了深入地學習研究，將其應用於實際。

楊光先和湯若望之間的曆法之爭，使康熙帝深受震動。爲使自己能明斷西方科學和傳統科學的優劣，平息爭論，康熙帝決定向耶穌會士學習西方知識。康熙七年（一六六八年），康熙帝向耶穌會士詢問西洋風俗，利類思（一六〇六～一六八二年）、安文思（一六一〇～一六七七年）、南懷仁等編成《御覽西方要記》進呈。南懷仁還向康熙帝介紹《窮理學》和其他科學知識。由於康熙帝當時年紀還輕，國內尚未平定，因此尚無暇集中精力學習西方科學。

從康熙二十八年（一六八九年）底開始至康熙三十年

琺瑯彩嬰戲紋雙連瓶：清代琺瑯工藝的傑出成就是引進西方琺瑯技術並加以改造，採用中國傳統青銅器、瓷器、漆器的器形與紋樣，創燒出中國自己獨特的畫琺瑯與鏨胎琺瑯。由這兩種工藝製作的工藝品器形厚重端莊，紋樣精緻典雅，色彩含蓄秀麗，具有濃厚的民族特色。

（一六九一年），法國耶穌會士白晉（一六五六～一七三〇年），張成(一六五四～一七〇七年）及比利時耶穌會士安多（一六四四～一七〇九年）和葡萄牙耶穌會士徐日升（一六四五～一七〇八年）等人，開始向康熙帝介紹西方幾何和代數知識。傳教士每天早上四時到內廷，日

落而歸。上、下午給皇帝各上二小時的課，講授西方數學、哲學、天文學、曆法以及砲術實地演習等課，由此康熙帝學習西學達到了一個高潮。

銅鍍金嵌廣琺瑯龍吐水法鐘：鐘高九十八公分，鐘面四十公分見方。此鐘開啟後，水柱轉動，恰似龍口吐水，並能作八仙慶壽的表演。

康熙帝不僅努力學習西方科學知識，還積極推廣和應用所學知識。康熙五十二年（一七一三年），正式設立算學館於暢春園之蒙養齋，培養了一批數學家，如陳厚耀、明安圖等人。康熙帝在此主編了《曆象考成》等書，尤其是欽定《數理精蘊》五十三卷，全面有系統地介紹了當時傳入的西方數學知識。康熙帝學習西學，帶動了一批朝臣，在當時的知識分子中形成了一股學習西學的新風氣，爲西學在中國的傳播創造了良好的社會氛圍，促進了清朝前期科學技術的進步。

康熙四十七年（一七○八年），康熙帝命傳教士分赴蒙古和內地，繪製一幅較爲詳細的全國地圖。擔負這項工作的主要是法國傳教士，參加測量調查的有法國人張誠、白晉、雷孝思、杜德美、馮秉正、德瑪諾等，還有一名日耳曼人和中國學者何國棟。他們採用西方先進的科學儀器和繪製技術，費時近十載，於康熙五十六年（一七一七年）完成各省地圖的繪製。最後由雷孝思、白晉等人匯成總圖一幅。康熙帝命名爲《皇輿全覽圖》，此圖繪製精細，測量準確，是

當時中國最科學的一幅全國地圖。

康熙帝雖銳意學習西學，但到雍正朝時，由於對傳教士實施嚴禁，因此對西洋科技不再重視。隨著清王朝實行閉關鎖國的政策，到了乾隆朝中後期，清朝朝野上下又出現了復古傾向，乾隆年間編纂的《四庫全書》天文、算學類，以收錄中國古代算書為主，就是有力的證明。

西洋畫師郎世寧

郎世寧（一六八八～一七六六年），義大利人。郎世寧幼學繪畫，師從許多著名藝術大師，接受了廣泛嚴格的訓練，一七〇七年加入了耶穌會。康熙五十三年（一七一三年），他被派往中國傳教，次年來到北京。在馬國賢的引薦下，蒙康熙帝召見，康熙帝對他甚為禮遇。針對郎世寧欲在中國傳教的設想，康熙帝說：「西方的教義違反中國正統思想，只因為傳教士懂得數學基本原理，國家才予以聘用。」又表示詫異道：「你怎能老是關懷你尚未進入的未來世界而漠視現實的世界？其實萬物是各得其時的！」不久康熙帝任命郎世寧為宮廷畫師，而沒有給他傳教的機會。自此

清乾隆孝純皇后朝服像：郎世寧繪。此畫筆觸細膩柔和，人物五官清晰，注意體面結構和立體效果，面部解剖十分準確，衣服的質感也很強。

郎世寧便以其畫藝供奉中國的皇室，開始了他宮廷藝術家的生涯，歷經康熙、雍正、乾隆三朝。

郎世寧擅長寫實，描繪人物逼真酷肖，深得幾代皇帝的喜愛。雍正帝、乾隆帝以及他的嬪妃、子女等，都曾透過郎世寧的畫筆，留下生動逼真的容貌。《平安春信圖》畫中的一老一少，分別為雍正帝和皇子寶親王弘曆，二人著漢裝，生活氣息濃郁。

儘管畫上沒有郎世寧的款印，但從繪畫的風格及畫上乾隆帝的一段題詩，可以確定該圖出自郎氏手筆。乾隆帝的詩曰：「寫真世寧擅，繢我少年時。入室翻然者，不知此是誰？」讚揚了郎世寧的畫藝。

雍正年間，郎世寧在內廷行走，除了奉命作畫外，還主持設計了圓明園西洋水法樓，並為水法樓內壁畫了大量的油畫。這是他一生繪畫事業中的重要組成部分。後來圓明園被英法聯軍焚毀，西洋水法樓中郎世寧的繪畫亦化為灰燼。

雍正朝推行禁教政策，很多傳教士都遭到了清政府的打擊，而郎世寧由於其高超的畫藝甚得皇族的寵幸，不但安然無恙，乾隆帝即位之後，更見重用。據說乾隆帝登基時年方二十四歲，每日必去畫室看郎世寧作畫。這時郎世寧已四十七歲，諳習內廷事務，於是教會高級人士令他向皇帝呈遞奏摺，此舉甚是危險。某日，乾隆帝照常來看他作畫，郎世寧匍匐跪下，說了幾句有關「我們的神聖教律遭受譴責」之類的話後，就從懷中掏出一卷用黃綢包裹的耶穌會奏摺呈上。當時內廷太監看見郎世寧的大膽舉動，都嚇得心驚膽戰，乾隆帝卻溫和地說：「朕並沒譴責你們的宗教，朕只是禁止臣民飯依罷了。」從此以後，郎世寧每晨入宮必受搜查，以保證他的確沒有懷帶什麼奏摺。雖然如此，郎世寧還是多次懇求乾隆帝弛禁天主教的傳播，為維持天主教當時在華的傳播起了一定的作用。

郎世寧創作了不少以重大歷史事件為題材的畫作，描繪的大多是當代發生的大事件，具有重要的歷史紀實價值。其中著名的繪畫如《乾隆大閱圖》，描繪了乾隆帝檢閱八旗兵時的英姿。大閱之後，乾隆帝親率王公大臣、八旗官兵至塞北皇家圍場（即今河北圍場縣），與蒙古八旗會合打獵。

郎世寧奉命隨軍侍畫，以大手筆描繪了這位年輕君主居安思危、習武練兵，在侍衛大臣前後簇擁護衛下，不顧鞍馬勞頓，繼續轉向新圍場遊獵的情景。《乾隆圍獵聚餐圖》是其中一幅，描繪了乾隆帝一行狩獵時休

弘曆雪景行樂圖：郎世寧所作《弘曆雪景行樂圖》繪乾隆帝在雪景中與家人共用天倫之樂的情景，設色鮮豔，人物眾多。該畫以西洋畫法為主，略參以中國技法。

息、煮食鹿肉的場面。乾隆帝盤腿坐在黃色的座墊上，近臣侍衛分列兩邊，有的人站立，有的人半跪，大多數人手中持有弓箭、腰刀和虎神槍；再外面一圈人，中間正在準備野餐的食品，就是剛剛被獵殺的鹿。畫面左邊有三人正在剝鹿皮，切割鹿肉；另有三人燃燒起炭火在燴鹿肉湯。畫面的中下部還有三人在炭火上燒烤鹿肉，旁邊有人捧果品盒和酒具，另有

數人手持虎神槍警戒。最下方有一個人背著只中箭的麋鹿走來。帳篷的背後為起伏的群山和參天的古松，山坳處幾匹馬和駱駝在休息，其中一隻駱駝背上還搭著一頭死鹿。整幅畫面結構嚴謹，刻畫形象極其生動逼真。

郎世寧還是「戰圖」這一新型院畫的領銜畫家。郎世寧所作戰圖《平定伊犁回部得勝圖》共十六幅，其中《阿玉錫持矛蕩寇圖》，描繪了在平定西域戰鬥中立功的將士阿玉錫。郎世寧以其擅長的「寫真」技藝，逼真地刻畫了阿玉錫全身戎裝、持矛躍馬的形象；生動地表現出了阿玉錫堅毅

郎世寧·百駿圖（局部）：百駿圖是郎世寧一生畫馬的巔峰作品，畫作為紙質，縱一百○二公分、橫八百一十三公分，描繪了百匹駿馬游牧嬉戲的生動場面。

勇敢，衝殺敵陣如入無人之境的英雄氣概。

郎世寧在宮廷供職期間，做了許多有益於中西文化藝術交流的工作。他曾將歐洲的油畫、銅版畫以及天頂畫、焦點透視畫的技法，甚至連製造油畫顏料的技術，也毫無保留地教給畫院畫家和滿族畫工。郎世寧的徒弟先後共有十幾人，在皇家畫院內形成了實力雄厚並得到皇帝信任的郎世寧新體畫集團，使清朝的宮廷畫形成了一種「中西合璧」的新穎繪畫風格。他不但把西方繪畫技法傳入中國，而且幫助和指導淮關監督年希堯完成了《視學》一書，此爲中國第一部關於西洋繪畫透視法則的專著。郎世寧還爲當時的天主教堂創作了不少宗教油畫，如東堂的耶穌聖心像等。

乾隆三十一年（一七六六年），郎世寧去世，享年七十八歲。郎世寧的喪禮備極哀榮，乾隆帝特下諭旨，追賜侍郎銜，御賜離京城不遠的一塊土地爲其下葬之地，並賞賜葬銀三百兩，以示懷念。

清代四大鎮

清代農業、手工業和商業的發展，促進了城鎮經濟的繁榮。全國許多城鎮都普遍存在著木作、銅作、漆作、磨房、油坊、酒坊、機坊、糖廠等大大小小的手工業作坊，商業貿易興盛。在眾多城鎮之中，湖北的漢口鎮、廣東的佛山鎮、江西的景德鎮、河南的朱仙鎮，以其發達的手工業生產和繁榮的商業，在明末清初迅速崛起，成為著名的「天下四大鎮」。

九省通衢──漢口鎮

漢口鎮（今屬湖北武漢），在清初迅速興起，為四大名鎮之首。漢口處於長江中游，水運便利，地處天下之中，有「九省通衢」之稱，因而商業貿易極其繁榮。乾隆時的《漢陽府志》中說：「漢鎮一鎮耳，而九州之貨備至焉。行戶數千家，典鋪數十座，船泊數千萬，九州諸大名鎮皆有讓焉。」

清代漢口是中南地區淮鹽最大的集散地、米糧貿易中心、布匹銷售市場和木材集散地。自漢口出發的糧道有兩條，一條從漢水至陝西，如雍正十一年（一七三三年），共有糧船一千五百艘經漢口轉運至陝西，每艘載重三百至五百石，共約六十萬石。另一條順長江把四川、湖南的米轉運到江浙。雍正年間，湖北、湖南之米運往江蘇年約一千萬石。湖北盛產布匹，布匹品種繁多，有扣布、線布、椿布、邊布、大布、小布、梭布、條

布諸種。商號因售貨地點不同,而分別稱爲:山莊、水莊、京莊、門莊等。湖北布匹以其優質行銷滇、黔、秦、蜀、晉、豫諸省,成爲湖北省巨大的利源。當時不少產區的布匹通過農村市集轉販漢口,再運銷全國各地,漢口遂成布匹銷售市場。乾隆年間,漢口布匹貿易甚旺,「四方來貿者,輒盈千累百,捆載以去」。此外,漢口還是一個木材的集散地。清人姚鼐《漢口竹枝詞》稱道漢口盛況說:「揚州錦繡越州醅,巨木如山寫蜀材。」由此可見木材貿易的興旺。清中葉時,漢口鎮的年貿易額高達到白銀一億兩左右,堪稱當時中國各大工商城市之首。

清前期,漢口鎮有數千戶商賈人家,數十處鹽商典庫,會館公所,四處林立。據民國《夏口縣誌》卷五的建置志記載:道光朝以前,建立的會館公所有三十九座,建館年代不詳的有五十六座。各省商人在漢口活動的街巷,至今仍保留著反映其地域的名稱,諸如:新安街、新安巷、徽州巷、安徽街、寶慶街、金庭巷、元寧巷、江蘇巷、廣東巷等。由此可見,漢口的商業在中南數省中佔著首屈一指的地位。

此外,漢口的冶鐵業規模也不小,據包世臣記載,嘉慶三年(一七九八年),漢口「有鐵行十三家,鐵匠五千餘名」。

漢口的街區隨著入清以後,商業的繁興而不斷修建擴大。乾隆四年(一七三九年),增建接駕嘴、三善巷、艾家嘴等街道。到嘉慶年間,接駕嘴已是「上下數里,商賈雲集,五方雜居,尤爲漢口市盛之區」。漢口的堤外,昔時是「荒沙一片」的襄河故道,這時竟「居民叢聚,漸成街市」,「民居鱗比,十倍於前,但名堤街,幾不知爲湖堤矣」。到道光初年,漢口已發展爲「東西三十里有奇」的江畔巨鎮。

冶鐵中心——佛山鎮

佛山鎮(今廣東佛山市),明代就以冶鐵業而聞名;清代成爲廣東省的冶鐵中心。乾隆年間,佛山計有「炒鐵之爐數十,鑄鐵之爐百餘」。乾隆十五年(一七五〇年),估計炒鐵行業工人約有一、二萬人,整個冶鐵行業工人不下二、三萬人。康、雍、乾年間,估計佛山整個冶鐵業的

生鐵消耗量約為五千萬斤，產值超過白銀一百萬兩。佛山鎮的絲織業也非常發達，有八絲緞行、什色緞行、元青緞行、花局緞行、寧綢行、蟒服行、牛郎紗行、綢綾行、帽綾行、花綾行、金彩行、扁金行、對邊行、欄杆行、機紗行、斗紗行、洋綾行等，清初發展為十八行。石灣陶瓷業入清以來發展更快，共「有缸瓦窯四十餘處」，所製產品發展為日用、美術、建築、手工業、喪葬等五大類，產品在千種以上。金屬加工業在乾隆以後有製箔行、打銅行、打銀行、金花行、一字銅行、銅器行等十餘個行業。成藥業僅蔘藥行就有二十七家。

民間手工藝也有陶塑、塑紮、剪紙、門畫、爆竹、雕刻等行業。此外還有與之相適應發展起來的手工行業，如染紙業、食品製造業、造船業、泥水建築業、磚瓦灰爐業、印染曬莨業、成衣業、骨角皮毛筋器業、塗染料業、漆器業等。據鄉志記載，佛山鎮衰落之時的光緒年間，手工業行業還有一百七十八行。

清代佛山鐵鍋行銷吳、越、荊、楚等地，鐵線則「無處不需」，

佛山梁園：佛山梁園為嶺南四大名園之一，佔地二‧一三萬平方公尺，建於嘉慶、道光年間。佛山梁園布局精妙，宅第、祠堂、園林渾然一體，具有濃郁的地方色彩。

佛山祖廟陶塑：祖廟位於今天的佛山市城區，據傳始建於北宋年間，供奉道教崇信的北方玄天大帝，名「北帝廟」。原建築於元末被毀，明初重建，因「曆歲久遠，且為（佛山）諸廟首」而被稱為祖廟。清代建立地方行政機構之前，祖廟是處理地方事務的議事場所。它的建築乃至裝飾、陳設，全部由各行業捐奉而成，且大多是本地生產。佛山鎮歷史上著名的鑄造、製陶手工業，其產品在祖廟都有典型的表現。其建築的精巧瑰麗也反映著古代佛山鎮的繁華。

四方商賈皆來販運，佛山鄉民「仰食於二業者甚眾」。康熙二十四年（一六八五年）開放海禁後，佛山鐵鍋竟大量銷往外國。雍正年間，外國船隻購買佛山鐵鍋，每船少者二千至四千斤不等，多者達二萬斤。石灣陶器則行銷兩廣，甚至遠銷東南亞和阿拉伯國家。絲織品也大量出口海外。康熙年間，佛山鎮已成為外省商賈必至的貿易中心，市面之繁盛甚至超過廣州。從進口方面來說，佛山鎮則是一個巨大的發銷中心。乾隆年間，佛山鎮「商車洋客，百貨交馳」。道光初年，佛山市面上充斥著珍奇洋貨，盡是瑪瑙、玻璃、珊瑚、翡翠、火齊、木難、方諸、陽燧、鶴頂、龜筒、犀角、象鼻等物。同時，佛山鎮還是廣東最大的米糧貿易中心，佛山

鎮的米價也成爲全省的標準價，即所謂「廣東各以佛山鎮報價爲準」。由此觀之，從清初至鴉片戰爭前，佛山鎮的商務（不包括外貿）是執全省之牛耳。

乾、嘉、道年間，「佛山一鎮，紳衿商賈，林林總總」，外省商人雲集佛山鎮，在此建立了山陝會館、蓮峰會館（福建紙商）、江西會館、楚北會館、楚南會館等。據統計，道光以前，佛山鎮共有商業會館二十五所，手工業會館二十六所。全鎮的工商店號三千家以上，鋪戶貿易和轉運貿易成爲主要的貿易形式。

康、乾年間，佛山鎮已基本形成了手工業區域和商業區域。冶鐵業主要集中在鎮西南部地區；陶瓷業主要集中在石灣一帶；紡織業主要集中在東部和東南部的樂安里、舒步街、經堂古寺、仙湧街一帶。商業鬧區則集中在北部、中部地區。乾隆至道光年間，佛山鎮鋪區從二十五個增加到二十七個；街巷從二百三十三條擴展到五百九十六條；墟市從三墟六市發展爲四墟十一市；碼頭津渡從十一個發展爲二十八個；編戶人口則從二十萬發展爲二十七萬，若加上蛋民（水上居民）和外地流入佛山鎮的謀生者，實際人口不會少於三十萬，發展成爲方圓三、四十里的繁華大鎮。

舉世聞名的瓷都——景德鎮

景德鎮（今江西景德鎮），向來以產瓷器聞名，生產瓷器已有

清代景德鎮：製陶圖中的交易場面反映了清代景德鎮製瓷業的繁榮。

康熙年製米色地五彩花鳥瓶

據工序分為二十三個工種：各戶間又根據所作之器，分為十八作；此外附屬各專業戶如柴戶、槎戶、匣戶、白土戶、青料戶等共有十六個戶種，分工極為細密。當時全鎮官窯、民窯每年總產值約在六百一十萬兩白銀以上，其中民窯年產總值約在六百萬兩以上。景德鎮陶瓷行銷海內外，成為舉世聞名的陶瓷之鎮。

景德鎮的瓷品在明代已有廣大的市場，清代進一步擴大。在國內，「景德鎮陶器行於九域」；在國外，「江西瓷器、福建漆器果品，皆夷所好」。甚至法國、俄國的皇室也曾在景德鎮訂製瓷器。景德鎮也就成為商人雲集之所。康熙年間，「豪商大賈成聚於斯，事陶之人動以萬計」。清代前期，景德鎮有都昌、撫州、饒州、徽州、蘇湖等會館二十餘個。

一千四百多年歷史。它是四大名鎮中唯一不靠水運起家的城鎮。雍正、乾隆之際，景德鎮「商販畢集，民窯二、三百區，終歲煙火相望，工匠人夫不下數十餘萬」。嘉慶時，「鎮廣袤數十里，業陶數千戶」。當時景德鎮的生產窯有燒柴窯、燒槎窯、包青窯、大器窯、小器窯等；窯戶有五種類型：燒窯戶、搭坯窯戶、燒圖窯戶、柴窯戶、槎窯戶；各窯內又根

景德鎮的街區在清初也有很大發展，時稱：「列肆受廛，延袤十數里，煙火近十萬家。」到嘉慶年間，景德鎮街市的範圍「自觀音閣江南雄鎮坊至小港咀，前後街計十三里」。景德鎮從此成為天下注目的決決巨鎮。

姜太公釣魚：這幅朱仙鎮年畫以洗練簡潔的筆觸畫出了姜太公釣魚，遇周文王的故事情節。

華北水陸交通樞紐──朱仙鎮

朱仙鎮，位於河南開封西南，賈魯河穿鎮而過，唐宋以來成爲水陸交通要衝和繁華的商業集鎮。康熙、雍正、乾隆年間，朱仙鎮商業有很大發展。賈河沿岸，碼頭林立，長達五里。朱仙鎮輸出貨物以西北山貨、本省牲口與土特產爲大宗，輸入貨物以木材、瓷器、茶、鹽、糖、紙、布匹、糧食、京廣雜貨爲大宗。當時聚集在朱仙鎮的商人有山西、陝西、甘肅、安徽、福建諸省人。其中以山西幫商人勢力最大，山西票號獨攬全鎮金融權，設有山西會館。陝、甘幫多經營山貨、皮毛。安徽幫多經營典當、茶業；福建幫多經營米、糖業；本省商人則多經營酒館、飯店及一般工商業。朱仙鎮還有回族小商販和手

工業，鎮中建有清真寺兩所。清代前期，朱仙鎮不僅是河南，而且也是華北地區最大的水陸交通聯運碼頭。

朱仙鎮的製麴業、釀酒業、年畫業、染紙業素稱發達。創始於明代、著聞於清代的「西雙泰」竹竿青酒，色味俱佳，盛銷於河南各州縣及安徽等地。清代朱仙鎮有年畫店三百餘家，年產年畫三百餘萬張，行銷各省。榨油業在清前期共有七十餘家。此外，朱仙鎮的「玉堂號」豆腐乾，也是遠近聞名的佐膳佳品。

「天下四大鎮」在全國城市經濟發展中的地位舉足輕重。以國內貿易而言，佛山鎮、漢口鎮的工商業均超過省會的廣州和武昌，成爲各省貨物交流的一大樞紐。清代佛山鎮的工商業的興廢進退，對東南數省的經濟具有極大的影響力。漢口鎮亦然，湖北省「蓋十府一州商賈所需於外部之物，與外部所需於湖北者，無不取給於此，繁盛極矣」，中南數省之鹽、東南數省之米，也莫不取給於漢口。漢口的地位，動關長江流域經濟的發展，影響所繫，範圍更大。景德鎮的陶瓷生產在全國同行業中歸然居首，而陶瓷又是清代對外貿易的主要商品，景德鎮在外貿中的地位可想而

岳飛朱仙鎮驅敵：這是繪在朱仙鎮岳飛廟中的連環畫之一。

知。朱仙鎮是華北最大的水陸交通聯運碼頭，它的存在，對河南與河北、陝西、山西的經濟貿易，對河南與江淮的經濟貿易，以及西北與東南的經濟交往，都起了極大的促進作用。

「天下四大鎮」城市經濟的發展，不僅吸收了大量的農業勞動人口，而且促使許多原事農耕的鄉民成為半工半農者。例如佛山鎮的鐵釘業，景德鎮的白土業，大量的產品就是由附近的農民利用農閒時製成。這樣，就逐步分解了農業的自然經濟結構，改變了農民的習慣職業。在「天下四大鎮」周圍的輻射圈內，出現了許多以商品生產為主的鄉村經濟，它們以城市經濟為其依存條件。這樣，就把許多千年不變的鄉村納入城市經濟的發展軌道。

「天下四大鎮」的出現和發展，打破了中國傳統的「先政治，後經濟」的郡縣城市的發展模式，展現了中國封建社會後期商品經濟迅速發展的潮流和趨向，開闢了一條中城市發

商業會館：商業會館為商人自行組織的商業公所，圖為清代旅居蘇州的山西商人興建的「全晉會館」。

展的新道路。它說明清代異乎秦漢，別於唐宋，而成為歷史發展的新階段，而且是社會經濟發生了某些質的變化的新階段。即使與當時西歐中世紀的自治城市相比，四大鎮在城市人口、城區規模以及工商業水準等方面也都毫不遜色。它們以其突出的經濟功能對周圍地區的經濟起到了明顯的刺激作用。因此，天下四大鎮在中國城市發展史上具有特殊的意義。

中秋佳節楊柳青年畫，繪出了節日的娛樂活動，展現出了清代的民俗民風。

國家圖書館出版品預行編目(CIP)資料

天朝上國的盛世 ／ 徐楓、牛貫杰主編. -- 第一版.
-- 臺北市：風格司藝術創作坊出版：紅螞蟻圖書發
行，2014.03
208面 ；17×23公分
ISBN 978-986-6330-48-3(平裝)

1.清史

627   102024798

歷史群像 08 天朝上國的盛世

發 行 人／謝俊龍

主　　編／徐楓、牛貫杰

編　　輯／苗龍

出　　版／風格司藝術創作坊

　　　　　Tel：(02)2364-0872　Fax：(02)2364-0873

　　　　　臺北市大安區安居街118巷17號

發　　行／紅螞蟻圖書有限公司

　　　　　Tel：(02)2795-3656　Fax：(02)2795-4100

　　　　　地址：台北市內湖區舊宗路二段121巷19號

出版日期／2014年03月　初版第一刷

定　　價／280元

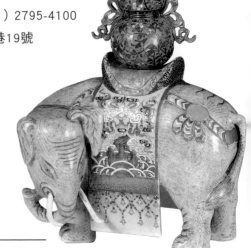